国家出版基金项目
NATIONAL PUBLICATION FOUNDATION

实践 反思
教育学文丛

丛书主编 陈向明

教师**实践性知识**的生成

魏 戈 — 著

Generation of Teacher
Practical Knowledge

教育科学出版社
·北京·

出 版 人　李　东
责任编辑　赵琼英
版式设计　沈晓萌
责任校对　张晓雯
责任印制　叶小峰

图书在版编目（CIP）数据

教师实践性知识的生成/魏戈著 . —北京：教育
科学出版社，2020.6（2024.4 重印）
　（实践-反思教育学文丛/陈向明主编）
　ISBN 978-7-5191-2118-1

　Ⅰ.①教…　Ⅱ.①魏…　Ⅲ.①师资培养—研究　Ⅳ.
①G451.2

中国版本图书馆 CIP 数据核字（2019）第 294964 号

实践-反思教育学文丛
教师实践性知识的生成
JIAOSHI SHIJIANXING ZHISHI DE SHENGCHENG

出版发行	教育科学出版社			
社　　址	北京·朝阳区安慧北里安园甲 9 号	邮　　编	100101	
总编室电话	010-64981290	编辑部电话	010-64981280	
出版部电话	010-64989487	市场部电话	010-64989009	
传　　真	010-64891796	网　　址	http://www.esph.com.cn	
经　　销	各地新华书店			
制　　作	北京金奥都图文制作中心			
印　　刷	保定市中画美凯印刷有限公司			
开　　本	720 毫米×1020 毫米　1/16	版　　次	2020 年 6 月第 1 版	
印　　张	17.5	印　　次	2024 年 4 月第 4 次印刷	
字　　数	213 千	定　　价	55.00 元	

图书出现印装质量问题，本社负责调换。

丛书序

我们需要什么样的教育学？

——兼论实践–反思教育学

教育学的学科化，是一段从哲学、心理学不断独立出来的世纪历程。直到 21 世纪的今天，教育学依然朝着这个方向努力。然而，教育学的立场、价值和不可替代性究竟是什么呢？如果说教育学是一门研究教育现象及其规律的科学，那么我们需要认识、理解并解释教育现象；但实质上教育学面对的不只是诸多现象，而是在现象中发挥主体作用的活生生的人。通过教育研究提升人的生命质量，既是回应 21 世纪素养导向的教育变革理念，也是中国传统哲学中"学以为己"的价值追求所在。

北京大学教育质性研究团队在过去 20 多年时间里，扎根教育现场，希冀通过扎实的实征（empirical）研究探寻出适合我国国情，且能被一线教师接纳，并对改进教育实践起到实质性效果的教育研究之路。为此，我们提出了"实践–反思教育学"作为这一支研究取向的学术标志。这样一种教育学不仅仅回应了西方有关哲学传统，而且根植于我国的本土文化积淀。

首先，实践–反思教育学是回应西方哲学传统的教育学。根据古希腊哲学家亚里士多德的观点，"实践"（praxis）是一种有目的、有价值导向、致力于问题解决的活动。它在理论与实际操作之间来回修正二者，具有反思性和反身性，要求实践者深思熟虑，在恰当的时机做出适宜的行动。根据西方实用主义哲学家杜威（John Dewey）及其后学舍恩（Donald A. Schön）和阿基里斯（Chris Argyris）等人的观点，"反思"指的是"做"与"受"之间的回话与相互映照，即行动者在思维与行动时，根据情境的反映与对话，重构问题框架，不断调适自己的行动，并进而反思自己的价值观和基本假定。这种调适不仅包含行动主体的思维活动，而且渗透着他们的情感、价值观和信仰。据此，实践-反思教育学立足于教育教学实践，研究者在高度关注教育实践的真实性和复杂性的同时，还要具有反思的意识和能力。研究者不仅需要了解和理解被研究的现象和问题，同时需要不断监控自己和实践者在研究过程中所发生的变化、这些变化发生和发展的机制，以及这些变化对研究过程和研究结果所产生的影响。

其次，实践-反思教育学是具有原创性的中国本土教育学。实践与反思对应着中国哲学的知行观。知与行是中国思想史中一对既相互独立又紧密相关的概念，背后的中国文化对教育研究者的影响不能被忽视。中国古代鸿儒大家追求的知行合一已绵延千年，积淀成为中国人的文化心理结构，形成了中国文化的"实践理性"精神。此外，孔子"自省"以修身养德的方式也极具反思色彩，不仅直接影响到中国教育研究者的学术立场和理论定位，而且指导着他们具体的研究决策和行动。因此，在理论与实践的互动之间，实践-反思教育学研究在追求严谨和真实的同时，更加重视实用和适切。

足以见得，实践-反思教育学尝试融会贯通东西方思想资源，从学术研究的角度为当前中国教育改革提供新的思路。中共中央、国务院关于全面深化新时代教师队伍建设改革的工作部署，对教师队伍建设提出了新要求，也呼吁教育研究者提出新的理论视角和方法论支撑。

为此，实践-反思教育学倡导教育界乃至全社会尊重教师在专业发展中的主体地位，重视对教师反思意识和能力的培养，营造开放灵活的教师专业发展环境，促进教师实践性知识的生成和发展。如此，教师在面临各种两难困境和"顽症"时，不仅会反思自己面对问题时的行动策略，而且会触及行动背后的价值观和因果假定，实现由策略改变到价值观改变的"双环学习"。

北京大学教育质性研究团队在不断探索实践-反思教育学理论的同时，对教师教育领域的相关问题展开了大量实证研究，初步形成了相对稳定的理论视角、研究思路和方法路径。本团队聚焦教师专业素养的养成，结合中国教师本土的专业实践和社会文化特性，做出了一批具有原创性的研究成果。本套丛书选编的六本专著正是我们团队的精选成果，其中既有使用质性研究不同取径开展的研究，也有偏向基本理论层面的探讨，还有侧重于实践改进的行动研究。

李莉春博士的研究旨在通过深入教师的日常教育实践现场，探究教师实践性知识的本质，从而对教师实践性知识进行再定义。基于实践认识论，她的研究发现，教师实践性知识是教师在实现个人教育意象的热情驱动下身心合一的知与行，教师实践性知识的本质是一种行动中识知与行动中反思的动态机制。

同样是对实践性知识进行研究，魏戈博士则站在马克思历史唯物主义的哲学立场，从苏俄文化历史心理学派溯流而下，以"文化-历史活动理论"为抓手，整体呈现了教师实践性知识的生成过程。在此基础上，他引申出有关如何理解教师专业成长的新视角、教师在工作现场学习的价值，以及实践活动对于教师专业发展的意义等三个方面的讨论。

虽然近年来教师实践性知识的实证研究成为热点，但是其"知识"地位一直颇具争议。赵康博士从杜威的实用主义知识论出发，在理论层面为教师实践性知识的合理合法性提供了支持。这种知识论认为，知识源自探究，由认知性经验而获得，是关于行动及其导致的结果之间关系的知识。体现在教师身上的，是有关教育教学行动及其带来的结果之间关系的实践性知识，具有引导未来行动的功能。杜威关于知识的工具性观点，还在一定程度上化解了教师的理论性知识与实践性知识孰高孰低之争，因为二者都来自经验，并最终服务于实践，这也使得教师的"知性主动性"显得尤为重要。

杨帆博士采用话语分析的方法，考察了教师学习和理解一种"变革性课堂教学实践"的过程，最终提炼出了教师学习的三个主题：表征、协商和规训。在丰富的研究结果基础之上，他面向学校提出三点实用性建议：校本教研应注重引进外部和理论话语以改造本土话语；学校共同体的建设不应强制追求"共识"；课例研究需要关注"核心实践"和特定主题。

朱光明博士则从现象学的理论视角出发，对教育情境中的表扬与批评进行了研究。他从具体的教育情境出发，通过多种途径收集资料，对孩子们日常交往中的表扬、批评现象（体验）进行了详细的描述和深入的分析，揭示了表扬、批评对孩子们生存和成长的意义。在此基础之上，他还对表扬、批评现象进行了深入的教育反思。

徐月博士在城乡社会变革和农村中小学布局调整大背景下，观察到中国中西部城镇学校的大班额比重持续上升，大班额现象与办好公平而有质量的教育构成教育事业发展中的一对矛盾。因此，她研究了在大班额教学情境下，教师为达成预期目标所采取的行动及其行动背后的推理。她发现，教师们有意识地承担起在大班额困境下仍旧要促进学生发展的教育责任，这些变化体现出教师深刻的本土实践创造性。

这六本专著虽然涉及不同的研究方法及路径，但是在研究的出发点和价值立场上是一致的，遵循的都是实践-反思教育学范式的基本要求。这些文本都表达了如下基本观点：教师不只是需要不断发展的专业人员，更是能动的反思者、反思的实践者；教育学知识不仅仅是冷静的抽象理论，更是有温度的专业智慧；教育实践不仅仅是理论指导下的行动，更是教师反思性知识的有机组成部分。与此同时，这些研究反映出教育研究者应担负的双重任务：一是对教育现象提供扎实、准确的描述，对教育实践的本质、过程、结构、条件等基本问题做出有力度、有新意的解释；二是对教育实践应当如何做，特别是针对目前的重重困境如何突围，提出适切的价值判断和操作方法。六位青年学者对实践-反思教育学范式孜孜不倦的探索，让我们感受到他们对教育学的热情、审美和个人寄托，也让教育学不断回归"人学"。

当然，我们还有必要讨论实践-反思教育学在未来可能面临的挑战。

实践-反思教育学所带来的实践认识论，不是要从沉思的形而上传统走向另一个极端，它并不主张行动高于或优于知识、实践内在地优越于思想。因此，我们所提出的实践优先性，只是实践转向的初始原则，而非最终结论。实践转向的真正挑战在于，在肯定了行动/实践的基础地位之后，如何理解知识与行动、理论与实践之间的关系。

我们还应该反思人工智能时代对传统学徒制下教育学的冲击。虽然有研究指出，在当前人工智能、大数据、虚拟现实风行的时代，以教师、社工、法律顾问、艺术家等为代表的专业工作者最不可能被机器人所取代，因为他们的实践性知识构成了立身的专业资本；然而，在信息化技术大量介入教育工作者实践的同时，如何在制度上为他们保留一片自主发展的空间，或许是我们在新世纪探讨实践-反思教育学的紧迫性所在。

陈向明
北京大学教育学院

目录

绪论

新西兰学者约翰·哈蒂在《可见的学习：对 800 多项关于学业成就的元分析的综合报告》一书中，力证了教师是促成教育改革与学生学业改进的"圣杯"（holy grail）（Hattie，2008）。越来越多的学者也承认教育改革成败的关键因素之一在于教师（Fullan，2009；Hargreaves，1994），并呼吁教师意识到自己对教育活动的影响力（Hattie，2012）。如何进一步塑造优质的师资队伍，成为国内外教育管理者和教育研究者面对的重要议题。

但是，当前主流的教师专业发展项目由于其偏重理论的内容特征、集中的授课方式以及自上而下的开展路径，并未受到一线教师的普遍欢迎，反而被教师们看作学校日常工作之外的"负担"。

为了参加区里面的培训，我和同组的老师调了好几次课，挺不方便的。

（来自北京市的一位教师）

理论吧，看上去很美，但是不接地气。

（来自河南省的一位教师）

参加培训？要么找同事代刷卡，要么去了就是写教案、批卷子。

（来自陕西省的一位教师）

上述教师培训活动所面对的"尴尬局面"已是教育管理部门和一线教师心知肚明的事实。吊诡的是，不少教师认为，他们在入职后的三到五年在专业发展上有很大的进步，大多能够"站稳讲台""自编教案""开展系列研究课"等。如果一线教师认为集中的培训活动并未对他们产生多少吸引力，那么他们是如何实现专业发展的呢？教师在专业发展领域的变化是如何发生的？教师群体在教育管理部门组织的培训之外，又开辟了何种专业学习的空间？

本书正是对上述"悖论现象"的学术探讨，我以50余位普通教师为研究对象，通过三项相互独立又存有内在联系的个案研究，以"教师实践性知识"（teacher practical knowledge）为核心概念和切入点，论证教师在工作场所中进行专业学习的可能性，目的是将教师习以为常的教育教学工作陌生化，并从中发现专业学习的契机，使教师专业学习的日常方式变得更加"可见"。

一、教师实践性知识的时代话语

（一）实践话语：教师专业发展的现实困境

多年来，我国的教师教育理论工作者和实践者一直面临一种尴尬的局面。首先，在职前教师的培养上，师范大学所传授的专业知识和教育理念与实践者所应具备的实际能力之间存在差距，师范生虽然学习了大量的理论知识，却不会"教书"。由于师范学校不断向综合性大学转型，教育实习的时间被一再压缩，师范生无法在短期集中的教育实习中获得有效的教学能力，当前中小学校对师范生的培养质量也颇有微词。我们在对全国范围实习教师的调查中发现，职前教师教育的内容与学校真实的工作要求之间存在偏差，实习教师需要在与导师的频繁互动中把握教育教学的分寸（魏戈，陈向明，2015b）。这些关乎实践的知识是实习教师在师范院校未曾习得的。

其次，在职后教师的专业发展路径上，虽然教育理论界的论著汗牛充栋，教师的在职培训也在各个层面积极展开，但是鲜有一线教师对这些理论感兴趣，培训的效果也并不显著。以往，教育管理部门通过培训的形式让教师阅读他人的教育理论和教育经验，且这些教育理论总是被假定寄存在教师日常工作之外的专家的头脑里，此种教师培训方式导致教师教育培训机构虽发出了大量的毕业证书或结业证书，但是教师对教育理论依然缺乏基本的了解。实际中不乏这样的现象：中小学教师不是不愿意接受校外研究者的教育理论，也不是不理解自己的教育实践，但一旦开始尝试着将大学研究者的理论应用到具体的教育实践中，就会发生内外交困的局面，并不由自主地质疑专家的理论观点，正如本章开篇所引用的三位一线教师的反馈一样。

不论在职前教师的培养上，还是在职后教师的专业培训上，当前的教师教育主流体系均采用的是从理论到实践的路径。在 20 世纪七八十年代，这种教师培养模式在短时间内打造了相当数量的师资，在一定程度上满足了我国不同地区对师资数量的需求。但是，这种自上而下、由外至内的方法导致了理论与实践的脱节，最终严重影响了我国职前教师培养和职后教师培训的质量及效果。此一现象背后更重要的原因在于，人们对教师工作及其专业学习的本质缺乏深刻的理解。教师并非等待"被发展"的人，他们不仅具有主动学习的愿望和动力，而且有自己独特的学习方法和学习机制，并最终创生了教师独有的知识类型，即"实践性知识"（陈向明，2013）。教师的实践性知识，是沟通教育理论与教学实践的桥梁，是教师专业发展与身份转变的关键所在。教师实践性知识的生产、传承与创造是自下而上的、实践取向的，具有情境性、互动性、建构性，这种由"实践创造实践"

（Britzman，2003）的教师教育取向已经引起了政策制定者的关注，并在一定程度上在国内外引起了教师教育政策趋势的扭转。

（二）政策话语：国内外教师教育政策导向

放眼全球，我们会发现教师专业学习与发展已然成为一个国际性的问题。联合国教科文组织 2013—2014 年的全民教育全球监测报告的主题即"教学与学习：实现高质量全民教育"（UNESCO，2014），足以见得教师质量对于全民教育乃至整个社会发展的重要性。

20 世纪中后期之前，欧盟对教师教育政策的关注并不多。但是 2005 年之后，随着全球化进程的加快，欧盟出台了一系列教师教育政策，对欧盟国家的教师教育改革和发展起到了积极作用。其中，促进在职教师专业发展是一项重要议题，欧盟现已建立了"夸美纽斯基础教育在职教师流动计划"（Comenius Programme for In-service Teacher Mobility）和"在职教师专业发展计划"（Plans for In-service Teacher Training）等教师专业发展平台（European Union，2009）。2009 年 6 月，欧盟理事会发布了《理事会就教师和学校领导专业发展活动开展的决议》（Council Conclusions on the Professional Development of Teachers and School Leaders），文件指出，各成员国要从教师需求出发设计教师专业发展项目（Council of the European Union，2009）。2012 年 11 月，欧盟委员会发布了《反思教育：为更好的社会经济结果而投资》（Rethinking Education：Investing in Skills for Better Socio-economic Outcomes）这一报告，指出教育体系的发展水平与教师队伍素质有很大关系（European Commission，2012），这进一步说明了改善在职教师的专业发展是提高教育质量的重要途径。

在美国，由 1983 年优质教育委员会发表的《国家处在危机中：教育改革势在必行》（A Nation at Risk：The Imperative for Edcational Reform）肇始，由联邦政府主导的教育改革的序幕开启了，其目标是提高教育质量，提升美国的国家竞争力。美国社会各界由此也达成了一个共识：教师质量关乎教育质量，而且教师质量是提高学生学业成绩最重要的因素之一。自此以后，美国联邦和各州政府开展了更为严格的教师质量标准和能力认证活动。进入 21 世纪，美国教育研究领域也开始反思此前的教师专业教育——那些以专业知识的教授为中心与通过专业标准、证书和认证进行外部控制的专业化策略并没有发挥实质性的作用。与此同时，他们更为关注教师实践性知识的养成，以及教师在各学科教学中的经验总结、教学智慧的发展等。

相比之下，英国在"实践取向的教师教育"道路上起步较早。英国 20 世纪 70 年代以来的教师培训无不强调实践、校本与合作。20 世纪 90 年代，英国推行了"以中小学校为基地"的教师教育模式，要求下移培训重心，强调教师实践性知识的提升。2012 年，英国国家教师培训与领导学院（National College for Teaching & Leadership）发起了"教学学校计划"（Plan of Teaching Schools），即通过建立学校联盟，以点带面，深入教育现场帮助教师在职成长（National College for School Leadership，2012）。此外，英国教育部在 2014 年颁布的《新教师入职教育指南》（Induction for Newly Qualified Teachers）中，强调新教师的入职教育应是以校为本的，并且要针对教师的教育实践活动展开临床式引导和形成性评价，鼓励学校的其他同事积极参与，共同培养新教师的现场执教能力和职场学习能力（DfE，2014）。这种"实践导向"的教师教育模式代表了当下教师教育政策的新范式。

在我国，推进教师专业成长是当前教育改革走向"深水区"的重点议题之一。进入新的历史发展时期，党中央将教师工作摆在前所未有的重要地位，教师队伍建设迎来了新的历史机遇和发展契机。2018年年初，《中共中央国务院关于全面深化新时代教师队伍建设改革的意见》颁布，随后教育部等五部门印发了《教师教育振兴行动计划（2018—2022 年）》。高素质教师队伍建设不仅是国家大政方针的要求，也是学术研究的前沿。从国内与国际的政策环境来看，教师专业发展已经成为教育改革中的关键一环，让教师胜任学校教育工作，是提高教育质量的关键。

（三）理论话语：教师教育改革的理论追索

在实践的困惑与政策的导向外，教师教育的理论研究领域也呈现出新的萌动，"教师实践性知识"成了引导教师教育改革的理论关键词和风向标，随之出现了教师教育研究的理论话语转向。

首先，在教师教育的术语使用上，研究者的偏好从"教师发展"走向"教师学习"。由于传统的补足式的教师发展理念导致了自上而下的理论灌输，忽视了教师学习的主动性与自我导向性，有欧美学者就提出了从教师"专业发展"走向教师"专业学习"的概念重建（Webster-Wright，2009），意在强调有效的教师专业学习应该是教师自我导向的、持续发生的、与教师的日常工作密切相关的，而且能够得到学校学习共同体的支持（Darling-Hammond，1997）。从教师专业发展到教师专业学习的概念转变，可以形成一种更加积极、主动、整体、合作的方式，进而促进教师的成长（陈向明，2013）。

其次，在教师教育的知识基础上，研究者的偏好从理论性知识走向实践性知识。传统的教师教育研究将教师的专业素质预设为客观存在的实体，并以此来诠释教师的专业成长。这种思维方式将教师学习与发展的过程与学生学习知识的过程等同起来，即学生需要学习哪些知识，教师就相应要掌握哪些方面的知识。这不仅预设了教师发展所应具备的客观知识，而且将教师主体及其教育实践活动排除在外。而实践性知识则是与教师工作场景密切结合的知识类型，它甚至会优先于理论性知识，引导教师在工作现场的思维与行动。

最后，在教师专业成长的场所上，研究者的偏好从校外培训组织走向教育工作现场。在传统的教师发展理念与理论知识优先论的导向下，对教师发展的研究集中在专门的培训活动中，如各种职后培训学校和进修场所中。教师通过在培训中心系统学习各种知识而获得成长。这种对教师工作现场关注的缺乏，一方面使实践成了一个完全技术化的、生产化的、与理论相对的概念；另一方面使教师失去了在不同地点、不同时间对教育实践活动做出判断的实践理性，失去了反思与自我判断力。而20世纪末认知科学的具身化、情境化与分布式导向，引导研究者关注教师的真实的工作现场，使研究者认识到教师的发展离不开教育现场这个关系性场域（邓友超，2006）。

对于一线教师而言，他们是在教育教学的实践中通过"做"教师的过程"成为"教师的。更进一步来讲，教师不是先掌握所有的知识体系，然后成为合格的教师的，恰恰相反，他们是在"做"教师的过程中，不断形成与完善成为教师所需要的角色意识、教育能力与实践策略的，这也就是教师的专业发展与实践场景的关系所在，也正是教师实践性知识研究的价值所在。然而，这个"成为"教师的过程是如何发生的？教师"做"教师的过程中究竟经历了什么？特别是，教师的实践性知识是如何形成的？其中的机制问题成为我们认识教师专业学习与发展的重要维度，也将成为我们解释本章开篇"悖论现象"的突破口。

二、教师实践性知识研究的旨趣变迁

教师的实践性知识，也被称作教师的个人知识（personal knowledge）、实践理论（practical theory）、实践主张（practical argument）、实践智慧（practical wisdom）。这一系列学术概念的提出，都可以看作20世纪哲学"认识论转向"（epistemological turn）在教师教育研究领域的投射。在这种"实践认识论"（epistemology of practice）的立场之上，研究者致力于帮助教师看到自己的实践理性，实践取向的教师知

识研究也成为近半个世纪以来国际教师教育领域的主流话语之一
（Boyles，2006；Carr D，2003；Carr W，2004，2005；Schön，1983，1991；
Whitehead，2000）。

　　始创于 1983 年的国际教师思维研究协会（International Study Asso-
ciation of Teachers Thinking，ISATT）① 开启了对教师知识研究的多维探
索，并对教师实践性知识研究的兴起提供了机构支持。20 世纪末，我
国学者开始关注教师的实践性知识，相关成果散见于有关教师知识结
构的心理学研究中（林崇德，申继亮，辛涛，1996；辛涛，申继亮，
林崇德，1999；衷克定，申继亮，辛涛，1998）。时至今日，实践性知
识已成为教师教育领域非常重要的一个议题。

　　经过约半个世纪②，教师实践性知识研究凸显出不同的理论脉络
以及方法流派。我们从"研究旨趣"③ 的角度来对已有国内外代表性
研究进行归类和评述，发现国内外教师实践性知识的研究具有四类研
究取向（见表 1.1）。

表 1.1　教师实践性知识研究取向分类

研究取向	研究者立场	文本呈现方式	代表人物举例
分析-理性	界定与评价	分类与列表逻辑	阿尔巴茨 （F. Elbaz）

---

　　①　该协会后更名为"国际教师与教学研究协会"（International Study Association of
Teachers and Teaching），但依然保持了同样的缩写。

　　②　我将 20 世纪 60 年代约瑟夫·施瓦布（Joseph Schwab）在课程领域提出"实践"
（the practical）的概念以及盖奇（Gage，1963）首提"教师知识"的概念作为起点，以
本书写作的时间为终点，故总计有约半个世纪的时间跨度。

　　③　哈贝马斯（J. Habermas）提出了知识（knowledge）和兴趣（interest）之间的关
联，并指出知识必须以兴趣为基础，这对于本书划分已有研究具有启示意义。有关"教
师实践性知识"的研究文献即"知识"的具体表征形式，而知识的背后一定存有研究者
不同的"兴趣/旨趣"。这些处于更加隐微状态的研究旨趣，是我们打开教师实践性知识
研究的钥匙（哈贝马斯，1999）。

研究取向	研究者立场	文本呈现方式	代表人物举例
个体-经验	呈现与解释	个案、叙事、生活史	克兰迪宁 （D. J. Clandinin）
实践-反思	理解与参与	案例、自反性	舍恩 （D. Schön）
社会-文化	辩证与共享	宏观与微观结合	王箭 （J. Wang）

（一）"分析–理性"取向

"分析–理性"取向主张从内容上对实践性知识进行分类，更多从学者的视角来理性地审视教师的实践性知识，并尝试对其进行界定、分析及评价。

1980 年，多伦多大学的阿尔巴茨在其博士论文《教师的实践性知识：一项案例研究》［The Teacher's Practical Knowledge：A Case Study，1983 年以《教师之思：教师实践性知识研究》（*Teacher Thinking：A Study of Practical Knowledge*）为题正式出版］中，首次提出"教师实践性知识"的概念（Elbaz，1980），她同时也是最早采用"分析–理性"取向的学者。阿尔巴茨对一名中学英语教师进行了历时研究，以观察和访谈法收集资料，在此基础上揭示出教师实践性知识的四个要素，即内容、取向、结构以及认知风格，并将教师的实践性知识分为五类，即关于自我的知识、关于环境的知识、关于学科的知识、关于课程的知识、关于教学的知识。

阿尔巴茨作为教师实践性知识研究的开拓者，其研究思路对后续研究者产生了深远影响。最典型的当属荷兰莱顿大学的沃鲁普（N. Verloop）团队，他们开发了一系列的研究工具，对教师的实践性知识进行分门别类的测量，并运用定量统计的方法进行分析（例如相关性分析、聚类分析等）（Meijer，Verloop，Beijaard，2001；Verloop，van Driel，Meijer，2001）。该团队的研究深受法国与德国分析哲学的影响，一度具有"评估"教师知识的意味（Hulshof，Verloop，2002）。此外，克里格和巴-杨瑟夫（Kleger，Bar-Yossef，2011）运用大规模评价法对科学教师在专业发展中的实践性知识进行了研究，发现教师的学科知识、教学评价知识以及反思性知识对于学生学业的提升有重要影响。也有欧洲学者采用概念图的方法捕捉教师的实践性知识，但最终的分析还是会落入预先设定的知识分类框架中（Witterholt，Goedhart，Suhre，2016）。这些研究的核心特点便是对教师的实践性知识进行片断化的、类型化的解构，而最终的分类结果与舒尔曼（Shulman，1987）对教师知识的分类并无二致。

"分析-理性"的研究取向虽然肇始于欧美，但对国内学者也产生了重要影响。例如，早年陈向明的研究就对教师实践性知识的内容结构做了梳理（陈向明，2003）。姜美玲的博士论文整合了舒尔曼和格罗斯曼（P. Grossman）所提出的教师知识类型，对教师的学科内容知识、一般教学法知识、学科教学法知识、课程知识、学习者知识、环境知识、自我知识等进行了系统探究（姜美玲，2006）。总体来看，此类研究依然将教师的实践性知识放在表层的知识类别上。研究者一旦将教师的实践性知识归结为一些可测量的知识类型，就会忽略实践性知识的整体属性。

总结来看，"分析-理性"取向的研究是有关教师实践性知识"是什么"的研究，它虽然能够帮助我们看到作为内隐形态的教师实践性知识的具体表征，并且通过专业术语对其进行命名，但是忽略了教师实践性知识的整体性。更为严重的是，这种"分析-理性"取向背后的教师教育观，是基于具体知识类型或能力类型而展开的。因此，我们当前的师范教育和在职教师教育都在针对不同的知识类型对教师进行专题培训，传统的教师发展模式逐渐形成。这一模式很难帮助教师领会整全的专业实践形象，不能为教师教育的改革和政策创新带来智力贡献。为了弥补这种"破坏性的分析"，我们可以将"个体-经验"取向的研究看作一种尝试。

（二）"个体-经验"取向

"个体-经验"取向的研究主张从理性的知识分类视域中走出来，复归到解释与理解的立场，以更加叙事性的、个性化的方式呈现教师的实践性知识。在研究方法上，这一取向以个案研究和叙事探究为主，近年来也涌现了传记研究（autobiography）、自我研究（self-study）等多种取径。加拿大康纳利（F. M. Connelly）和克兰迪宁二人的研究非常强调教师实践性知识的个体特点，他们主要运用叙事探究的方法对教师的个体经验、生活史进行叙说，开创了用叙事探究的方法研究教师个人实践性知识的先河。他们的主要研究内容包括教师个人实践性知识对教师专业身份的塑造（Connelly, Clandinin, 1984）、对学校改革的影响（Connelly, Clandinin, 1988）以及专业知识景观（Clandinin, Connelly, 1995）等主题。

这样一种研究取向在加拿大以外的其他国家也产生了相当的影响。例如，美国学者布莱克和哈利韦尔（Black, Halliwell, 2000）就认同叙事探究可以成为研究教师实践性知识的一个重要手段。而在分析叙事材料的过程中，乔森（Johnston, 1992）认为教师个人的教育教学"意象"是研究教师实践性知识的突破口。与此思路一脉相承，约翰（John, 2002）研究了英国 6 位教师的教学意象，发现教师都将所教授的学科看作世界的中心与解码自然奥秘的钥匙。约翰认为，教师的意象是教师个人的、元认知层面的概念组织，是教师个人教学实践的表达方式。通过教师个体经验来挖掘其实践性知识的研究路径，时至今日依然没有过时。当代叙事探究的领军人物克雷格及其同事（Craig, Zou, Curtis, 2018）通过叙事探究的方法记录了文化是如何形塑并促进教师专业知识的形成与发展的。

在国内，"个体-经验"取向的研究也有不少追随者。例如，鞠玉翠（2003）的博士论文采用叙事探究的方法，用"教师个人实践理论"一词来指称教师个人所持有的教育观念，即教师真正信奉的、在实践中体现出来的教育观念，包括教师对教育、学校、教学、学生、学科以及自己的角色和责任的认识。张立新（2008）则采用生活史的探究路径来研究教师的实践性知识，将教师实践性知识的发展放在个人生命发展史的维度来考察。此外，在我国台湾地区，阮凯利（2002）对教师实践性知识也进行了一项叙事探究。同样采用叙事方法的还有颜膺修、吴为圣、张惠博（2012）对科学教师的研究等。这些研究都主要通过访谈收集教师的个人叙事，并结合一定的理论视角对教师的故事进行解释性分析，其生动、真实的文笔往往对读者有很大的吸引力。

"个体-经验"取向的研究力图克服将教师知识分门别类的缺陷，凸显了教师的个体性，并且通过叙事探究、个人生活史、传记等方法展开研究，提出了诸如"意象""隐喻"等更具有包容性的知识表征形式。此外，此类研究也显示出了教师实践性知识研究之民主性，帮助个体教师发出自己的声音。但是，此类研究也因其"过度的"个人色彩，受到了有关研究推广性的挑战。诸如，"分析-理性"取向的研究者梅耶尔（P. C. Meijer）就认为"个体-经验"取向研究阐释的证据不足，个人解读色彩过重（魏戈，陈向明，2015a）。当研究者强调教师实践性知识的情境性、缄默性与个体性时，是否能够超越个体或具体学科知识的界限来寻求教师实践性知识的普遍意义与共性特征，就成为"个体-经验"取向研究面临的最大挑战。

（三）"实践-反思"取向

如果说"个体-经验"取向的研究对教师实践性知识的共性特征

方面缺乏关注，那么"实践–反思"取向的研究则牢牢抓住了教师实践性知识的关键词——"实践"与"反思"，并力图以此打通教师实践性知识研究的根脉。

西方对教师实践性知识的研究本可以追溯至哲学上有关"理论"与"实践"关系的探讨，但是真正在教师教育领域对教师实践以及教育实践价值的关注，则源于芝加哥大学施瓦布教授的"实践四部曲"（Westbury，Wilkof，1982：287－321）。1969 年，施瓦布发表了名为《实践：一种课程语言》（The Practical：A Language for Curriculum）的文章，从课程论的视角提出了一种"实践的课程观"，此观点渗透进了教师教育领域，为后来的教师实践性知识研究埋下了伏笔。

舍恩（Schön，1983）从专业教育的视角出发，对已有专业教育模式的缺陷进行了反思，他以实践中专业工作者的真实案例为原型，探寻了成功的实践者在工作中体现出来的知识的本质。他在 20 世纪 80 年代提出的"行动中反映"（reflecting-in-action）的实践认识论，以及培养"反映的实践者"（reflective practitioner）的专业工作目标，成为推动教师教育领域变革的重要动力之一。他在《反映的实践者》这本书中重点论述了"实践–反思"的关系，他认为教师的知识是在行动中通过反思而获得的，他严谨而适切地论证了"行动中反映"的实践认识论，勾勒出"反映的实践者"的专业工作者形象，这对于我们认识教师工作的实践特性大有助益。

此外，范梅南（van Manen，1995）从现象学方法入手，以"实践智慧"和"教学机智"为核心展开了有关教师实践性知识的研究，并特别强调了教师反思的层次：技术性反思、实践性反思、批判性反思。范梅南认为，教师实践性知识具有情境性、实践性、规范性、关系性和自我反思性（范梅南，2001：21）。在现象学方法提倡的"悬置前见"与"回到事情本身"的诉求之下，范梅南对教师实践性知识的认识显得更加真实可感。

如前所述，"实践"与"反思"是教师实践性知识研究的两个最核心的概念，也是教师专业属性最突出的两个特点。在国内，北京大学陈向明教授基于多年的教师教育研究经验，提出"实践-反思"的教育质性研究范式（陈向明，2010），并以此滋养了教师实践性知识研究。陈向明及其团队在与一线教师深度互动的过程中，帮助教师在实践中反思、激活并外显了实践性知识，同时透析了教师实践性知识与教师身份、教师专业学习与发展之间的潜在互动，并以此尝试回应教师实践性知识与教育改革的关系问题，整个研究过程充满了反身性（reflexivity）与反思性（reflection）（陈向明 等，2011：4）。从这个角度来看，"实践"与"反思"已经不仅仅是教师实践性知识的核心，也成为研究者从事教师教育研究的重要价值皈依。

总而言之，"实践-反思"取向是一种批判反思的、基于实践问题的，并为实践服务的教育研究取向。在研究的操作上，有研究者与教师共同参与的形式，也有教师的行动研究形式，这种方法有利于教师和研究者挖掘自己的个人经验和直觉，通过内省、反思和共情，了解和理解被研究者的惯常社会行动和主观经验，并对历史和社会结构的影响因素获得自己独特的洞察。在"实践-反思"的立场下，教师被更大程度地赋权，教师的实践性知识也不再是绝对缄默的、不可反思的"神秘领域"。但是该取向也有其不足之处，虽然它抓住了教师实践性知识最核心的两个属性——"实践"与"反思"，可是囿于没有明确、稳定的理论框架，案例研究依然是主要的文本书写方式，研究者用于解读教师实践性知识的理论资源也较为繁杂，研究内部的一致性略显欠缺。

（四）"社会-文化"取向

上述"分析-理性"与"个体-经验"取向的研究有其独有的优势，当然也存在一定的不足之处，最突出的表现就是分析性太强或个体性太强。"实践–反思"取向的研究是力图摆脱前述两种研究取向之不足的努力，却由于缺少稳定的理论框架，使得研究的抽象层次不高，理论创新与发展的空间也相对较小。为了进一步推进教师实践性知识的研究，近些年还出现了一种新的研究取向，即"社会–文化"取向①。

"社会–文化"取向旨在将教师的知识归于不同的社会结构与文化传统，具有很强的社会建构色彩，并努力寻求个体与社会文化之间的辩证统一关系。例如，旅美华人学者王箭等人开展了一项关于中美教师师徒对话的研究，从导师与新教师之间的对话能看到他们背后的实践性知识。研究发现，在两国不同的文化背景下，师徒对话的形式和内容有所不同，由此形成了新教师彼此不同的实践性知识（Wang, Strong, Odell, 2004）。研究者将这种差异归结于两国社会文化、课程结构、人际关系传统等方面的不同，看到了教师实践性知识背后的结构性因素，与以往的基于个体经验的叙事探究有很大的不同。

陈静静的博士论文对中日两国教师的实践性知识进行了比较研究，她对实践性知识的探讨打破了完全"个人性"的研究假定，她认为实践性知识除了具有个人差异之外，还具有较大程度的文化相似性（陈静静，2009）。但是可惜的是，该文对教师实践性知识的运作机制并没有做深度探讨，仅对实践性知识的形态进行了对比，对更深层次的结构性因素缺乏探究。

可见，将极其微观的教师实践性知识放在宏观的社会文化背景中考察，需要研究者具有相当的贯通力与把控力。从 2011 年至 2014 年，

---

① "社会–文化"取向的研究其实在社会科学研究界已有一段时间的历史，自苏联的维果茨基开始，心理学领域的文化历史学派出现了，其背后具有非常深厚的哲学假设和基础，包括马克思和恩格斯的历史唯物主义、黑格尔的精神哲学、涂尔干的社会民情研究等（Cole, Wertsch, 1996）。但是，从"社会–文化"取向研究"教师知识"，力图打破微观研究与宏观研究的界限，是 21 世纪以来出现的现象。我将在本章的"理论视角"部分对该流派的哲学基础进行详细探讨。

陈向明教授及其团队从中国社会文化的视角出发，开展了对教师实践性知识的多维探索（陈向明 等，2014）。他们以"两难空间"为概念工具，从教师的身份认同、教师的思维决策、教师的专业行动、教师的专业发展四个方面，通过数十个教师案例，分析了中国教师在"两难空间"中的思维与行动特征，从整体而非分析性的角度呈现了教师的实践性知识，兼具很强的本土化色彩。

目前，"社会-文化"取向的研究在国内外尚不多见，但是其贯串于微观与宏观、个体与群体之间的辩证张力，是非常有价值的。这里的"社会-文化"是一个多层面的概念，它不仅指宏观的社会结构、文化传统，还包括中观的区域制度、社区与学校文化，以及微观的科层组织、教师文化、人际互动等，这些因素在传统的教师实践性知识研究中都是不被涉及的。因此，"社会-文化"取向的研究避免了"分析-理性"取向过于分析性和技术化的不足，也弥补了"个体-经验"取向过于个人化的缺陷，使在共同的历史、文化、情境之下探究教师实践性知识的共性成为可能。最后，考虑到"实践-反思"取向仅靠理念引领而缺少理论框架的问题，"社会-文化"取向的研究抓住了个体与结构、宏观与微观之间的互动关系，特别是文化-历史活动理论（cultural-historical activity theory，CHAT）的提出，为我们研究教师实践性知识提供了极好的理论框架。

（五）小结

总结上述四种有关教师实践性知识的研究取向，我们可以从研究的内容和视角两个维度对它们进行"再分类"。在研究内容上，有动态的知识和静态的知识之分；在研究视角上，有整合的视角和分析的视角之分。由此，我们得出了一个二维象限图，并将上述四种研究取向填入其中（见图1.1）。

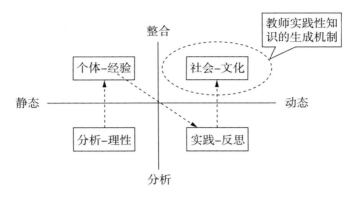

图 1.1　教师实践性知识研究取向

从研究内容来看，已有研究在内容上较多关注教师实践性知识的内涵、表征与结构，不论是对个体经验的阐释还是大范围的类别分析，都停留在较为静态的实践性知识层面。而从研究的方法来看，已有研究更多地只是基于访谈或叙事资料对实践性知识进行了描述，较少使用互动过程中的观察性资料，这样就难以看到教师实践性知识的生成与运作机制。

从"分析–理性"取向到"个体–经验"取向，再到"实践–反思"取向，后者都在试图弥补前者研究旨趣的不足，但又无法避免自身先天的视域盲区。教师的实践性知识不是一个孤立的研究主题，而是与教师的实践活动，以及活动中体现的历史、文化、社会结构等因素密切相关的，只有这样才能充分体现教师实践性知识的情境性、整体性、实践性与缄默性的本质特征。

图 1.1 中的虚线箭头勾勒出了教师实践性知识研究旨趣的变迁过程。当前的教师实践性知识研究涉及实践性知识的内涵、结构、要素，即"是什么"的研究；也涉及实践性知识的研究意义与价值，即"为什么"的研究；唯独缺少的就是"是怎样"的研究，即探究教师实践性知识的生成、发生机制的研究。

因此，本书聚焦于教师实践性知识的生成机制，并从更加整体化的视角呈现这一过程，同时，本书借鉴的理论视域也正源于文化历史学派的理论脉络。倘若我们能够揭示出教师实践性知识的生成机制，那么这就将对我们进一步认识教师专业学习的本质以及教师专业成长的路径具有重要的意义。

三、 理论视角①

（一）文化-历史活动理论的哲学基础

文化-历史活动理论源自德国古典哲学（从康德到黑格尔）以及马克思和恩格斯的辩证唯物主义理论，由苏联著名心理学家维果茨基（Vygotsky，1978）正式提出，先后经过列昂捷夫（Leont'ev，1981）和恩格斯托姆（Engeström，1987）等人发展，已成为当代教育学、社会学、

---

① 本书采用质性研究方法对研究对象的行为及其意义做出解释性阐释。为了揭示研究现象的深层机理，研究者在设计阶段需要构建一个初步的理论视角。随着研究的逐步深入、资料的不断丰富，最初的框架可能无法完全囊括研究结果，或者无法准确地对研究结果进行阐述，需要研究者随时进行修改。虽然质性研究要求研究者对研究的现象保持开放的心态，但是研究者需要有一种理论视角，从而对司空见惯的现象做出新的解释。理论视角可以被看作研究的分析透镜。它（们）是一个（一组）具有内在张力的"概念"，它（们）不是研究的主题，而是涉及问题的背景以及可能的解释。例如，在教师实践性知识的研究中，"分析透镜"不是"教师知识"或"实践性知识"，而是关涉教师知识的具体存在以及探究其背后理据的机制性解释概念。此概念的提出，基于研究者大量而广泛的阅读，但同时又会在研究的过程中不断被调整，最终实现对理论的创新。它（们）不同于定量研究的理论预设。我们不否认任何一项研究都潜藏着研究者带入的知识预设（如：研究者的认识论）。虽然质性研究者极力将其放在潜在的层面，但是我们需要承认这些潜在的认识论与本体论指引着研究者从事研究的全过程。它（们）可以被看作迈克尔·波兰尼（Michael Polanyi）所说的"个人知识"。当我们从海德格尔的现象学出发时，这些假设便是可检验与可明晰的。即便研究文本中没有明确提及研究者的认识论偏向，我们也可以从研究的主题、资料收集的现场，以及讨论部分的细微处觉察。质性研究通常被看作是自发性的，即研究之前研究者没有相应的理论框架或预设。但是，质性研究者却对检验自己研究中的潜在假设义不容辞。只有明确自己的位置（positioning），澄清自己的假设，研究者才能使研究呈现贯通的状态并使其具有可公度性（commensurability）。我将在研究的方法论部分再做深入的探讨。

心理学等领域一个非常重要的理论流派。那么，文化-历史活动理论中的"活动"究竟有什么特殊的意义呢？这就要从马克思关于人类活动（实践）的论述说起。

马克思在《1844年经济学哲学手稿》中论述道：主体是人，客体是自然界，人只有作为某种活动的发出者才是主体，主体为认识者、实践者，客体为被认识和实践的对象（马克思，1972a）。康德、黑格尔、费尔巴哈由于自身唯心主义或唯物主义经验论的局限都不能达到主客体的真正统一，只有马克思主义才能使主客体的统一真正实现。马克思认为，主客体统一于劳动（活动、实践），即主体对客体的能动的改造活动。恩格斯也坚信，"劳动创造了人本身"（恩格斯，1972a：374），人是在改造世界的实践活动中，能动地反映世界的，实践是全部认识的最终来源。恩格斯在《路德维希·费尔巴哈和德国古典哲学的终结》中明确提到了人类认识的社会起源，并将"活动"作为研究人类科学的基本概念（恩格斯，1972b）。在马克思看来，"活动"本身就具有社会历史性（gesellschaftlich）。① 据此，马克思特别指出：

首先应当避免重新把"社会"当作抽象的东西同个人对立起来。个人是社会存在物。因此，他的生命表现，即使不采取共同的、同其他人一起完成的生命表现这种直接形式，也是社会生活的表现和确证。……因此，人是一个特殊的个体，……同样地他也是总体、观念的总体、被思考和被感知的社会的主体的自为存在，正如他在现实中既作为社会存在的直观和现实享受而存在，又作为人的生命表现的总体而存在一样。……正象一切自然物必须产生一样，人也有自己的产生活动即历史，但历史是在人的意识中反映出来的，因而它作为产生

① 马克思在《费尔巴哈论》的德文版中，对"活动"用了 gesellschaftlich 修饰，意指"社会-历史性"（social historical）（Tolman，1999）。

活动是一种有意识地扬弃自身的产生活动。历史是人的真正的自然史。
（马克思，1972a：122-169）

在马克思历史唯物主义哲学观之下，社会历史完全是由人的实践活动构成的，实践构成了社会运动的基本矛盾，实践形成了社会生活的基本领域，实践构成了全部社会关系，实践也推动了社会历史的发展（马克思，1972b）。此后，经维果茨基的发展，"活动"主要指的就是人的集体实践。

以维果茨基、列昂捷夫和鲁利亚为代表的"维列鲁学派"是苏联心理学重要的一支，他们采用马克思历史唯物主义观，与欧美唯心主义心理学理论截然不同，也正是他们提出了文化-历史活动理论最原初的框架①，在主体与客体之间搭建了文化-历史的中介物，并在人类集体的活动中考察人的高级心理机能的发展。由于维果茨基等人从人类意识发展的社会历史起源论出发，因此他们也被称作"文化历史学派"。文化历史学派的一个重要假设就是人的心理过程的变化与他的实践活动过程的变化是同样的（维果茨基，2003）。维果茨基依据马克思主义的活动观，通过对人的实践活动的深入分析指出：人的心理正是在人的活动中发展起来的。

简言之，文化-历史活动理论的根基源于20世纪二三十年代苏联心理学家维果茨基、列昂捷夫所提出的活动理论。该理论是一个跨越多个学科的理论体系，在教育、管理学、组织研究等领域得到了广泛应用（Engeström，Miettinen，Punamäki，1999；Sannino，Daniels，Gutiérrez，2009）。在该理论之下，又发展出了拓展性学习理论（Engeström，1987），集中应用于发展性工作研究（Engeström et al.，

---

① 以维果茨基为代表的苏联心理学家被称为"文化历史学派"。在该学派的脉络下，列昂捷夫提出了"活动理论"的概念，恩格斯托姆进一步将其发展为文化-历史活动理论。

1996；Engeström，2005；Engeström，Lompscher，Rückriem，2005；Kero-
suo，Kajamaa，Engeström，2010）。文化-历史活动理论的基本观点在
于，人类行为中的社会、文化、精神与物质资源相互交织。文化-历史
活动理论秉承唯物主义立场，认为知识是在特定的文化和历史的环境
中浮现出来的。人类改造环境的能力体现在活动系统（activity
systems）之中，并以人类集体行动的方式实现。恩格斯托姆在1987年
提出了活动系统的核心要素，并指出：主体的行动（action）作为共同
体（community）的一部分，表现为客体（object）导向的集体活动
（activity）（Engeström，1987：78）。

（二）文化-历史活动理论的基本观点

文化-历史活动理论认为，人们所有的心理现象（包括学习）都
是在某种特定的活动中表现出来的。活动是一个完整的系统模型，包
含多个组成要素与子系统。从马克思实践论的建立到20世纪初维果茨
基创立文化历史学派，迄今为止，活动理论经过了三代演变，其概念
框架日趋精细化。

第一代活动理论的代表人物维果茨基在"刺激-反应"的行为主
义认识论基础上增加了中介（人工制品、文化中介）这一元素，认为
这种人为性活动的本质在于社会环境中的工具和符号所引发的中介过
程，而非线性的"刺激-反应"过程。

第二代活动理论的代表人物列昂捷夫和伊利恩科夫
（E. V. Il'enkov）重点关注了个体与社会的关系，提出了活动的层次结
构［活动（activity）、行为（action）和操作（operation）］，并指出矛
盾（contradiction）是个体学习以及组织变化和发展的驱动力。这些概
念都成为后续活动理论发展的核心，但是，他们并未形成明确的理论
框架。

第三代活动理论的代表人物，芬兰赫尔辛基大学的恩格斯托姆提

出了活动系统的七个要素：主体、客体、工具、共同体、劳动分工、规则、结果。在这个系统中，主体是活动的实施者，客体是活动的目标或有待解决的问题，工具是发挥中介作用的内部或外部的人工制品，共同体是由多个成员构成且有着相同目标的群体，规则调节着活动系统内部的行动以及各种互动关系，劳动分工则指共同体成员之间横向的任务分配以及纵向的权力和地位分配。活动系统各要素之间两两互动，组成纵横交错的关系网络，不同要素互动产生活动的结果。随后，恩格斯托姆又使其理论从单一系统扩展到多系统的互动与协商，使得原初的理论模型更具包容性和拓展性，如图 1.2 所示。

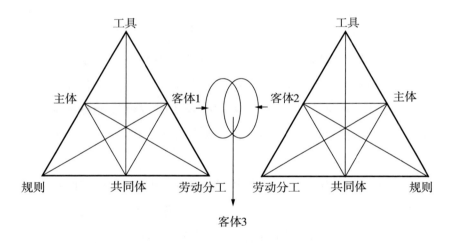

图 1.2　第三代活动理论：文化–历史活动理论

文化–历史活动理论最有价值的观点在于，客体的变化促使主体通过社会文化环境的中介作用，在实践共同体的规则和劳动分工下进行学习，从而实现动态的知识建构（Wells，2002）。我们认为，文化–历史活动理论对于揭示个体和群体学习的内在机制具有重要的启发意义，能够用来分析教师在教育教学实践现场中的学习及其知识创造。教师的工作场所并非真空，在图 1.2 中，教师的教育教学活动一定会与周围的活动系统进行互动，通过双方（多方）交互的过程最终生成新的客体 3——教师的实践性知识，即教师在实践中、在人际的互动中形成的对于教育教学的理解。

文化–历史活动理论从马克思和恩格斯的哲学基础出发，经过苏联文化历史学派的理论建构，近些年在欧美国家有很大的发展与应用，特别是在课堂师生互动、信息技术教育、数学与科学教育等领域①，但目前国内相关研究依然较少，仍处在理论介绍方面，基于案例的实证研究很少。本书借助文化–历史活动理论的视角，重点考察教师教育教学实践活动系统中各个要素之间的关系，并将大系统拆分成不同的子系统进行深度分析，力图揭示教师实践性知识的动态生成机制。

（三）文化–历史活动理论与教师实践性知识研究

文化–历史活动理论为教师教育研究，特别是教师实践性知识的研究提供了新的未来与可能。文化–历史活动理论对教师实践性知识研究的适切性与启发性体现在如下四个方面。

1. 以"活动系统"为分析单位

"分析–理性"取向的教师实践性知识研究由于分析性过强导致研究结果表层化，使得教师实践性知识简化为几种"机械的相互作用的独立的力量"（维果茨基，2005：292）。如果我们将作为整体的教师实践性知识分解为多种元素，那么它们各自就会失去整体的特性。维果茨基认为，这种思维方式具有方法论上的根本缺陷。维果茨基举了

①　国外从 20 世纪 90 年代至今，在教育学与心理学领域对文化–历史活动理论的运用颇为广泛。最近就有一本书对文化–历史活动理论的实践运用做了详细介绍（Engeström，2016b）。英国学者将文化–历史活动理论与教师专业发展的相关研究进行结合（Edwards，2005；Ellis，Edwards，Smagorinsky，2010）。希腊学者探讨了如何引入文化–历史活动理论改进科学教育（Plakitsi，2013）。还有研究者采用文化–历史活动理论优化学生的学习，包括学习困难学生的学习等（Daniels et al.，2009；Daniels，2004）。日本学者研究了如何改革学校教育系统和管理制度（Yamazumi，2008）。还有更多研究是在不同的组织机构中进行的偏向于管理学的研究（Ahonen，Virkkunen，2003；Engeström，2001，2005，2007；Fenwick，2006；Puonti，2004；Seppänen，2004；Toiviainen，2003；Virkkunen，2006）。

一个关于水的例子，水是能灭火的，水是由氢和氧两种元素组成的，但由氢元素组成的氢气能燃烧，由氧元素组成的氧气能助燃，这样就无法解释水能灭火的事实。因此，丧失整体原有特性的分析并不是真正的分析（维果茨基，2005：8）。

为此，维果茨基提倡以"单元切分法"取代"成分分析法"（维果茨基，2005：10）。单元才是分析的产物，是不能再进一步分解的整体的活的组成部分，它们具有整体所固有的一切基本特性。它们与成分不同，它们并未失去应该解释的总体的固有特性，仍然包含我们要分析的最简单的原始形式的总体特征。对于教师实践性知识研究来说，教师实践性知识作为一种高级心理机能（higher mental function）是以整体的形态呈现的。某些具体的知识类型不应成为我们研究的对象，教师生成实践性知识所处的活动系统才应是我们研究的基本单位，这样我们才能看到教师个体与周围生态环境的互动，以及教师与学生、与同事之间的互惠学习。因此，以教师教育教学实践活动作为基本的分析单位，视内外因素为一体，方能有效地探究教师实践性知识的生成机制。

2. 关注"中介"的作用

文化-历史活动理论的框架之所以能够成形，一个重要的原因是"中介"（mediation）在不同要素之间起到了穿针引线的作用。文化-历史活动理论强调社会文化决定了个体心理含有下列图式：集体-社会活动-文化符号-个体行动。作为心理学研究对象的人的各种高级心理机能，就像人的实践活动以劳动工具为中介一样，是以社会文化的产物——"符号"——为中介的。人正是借助于符号，特别是语词系统的中介，从根本上改变了一切心理活动的。"中介"被看作心理发展的"第四力量"。正如美国心理学家彼得森（P. Pedersen）所说："以文化为中心的观点提供了除精神分析、人本主义和行为主义对人的行为进行解释之外的第四个解释的维度，它的意义就像三维空间之后发现的、作为时间的第四个维度一样。"（Pedersen，2001：18）

正是因为"中介"蕴藏着丰富的社会文化历史因素，人类知识的创造与传承才成为可能。当教师实践性知识研究的关注点从主客体的二分转换到中介物时，以教育教学活动的中介为切入点透视教师互动与发展的逻辑，挖掘教师所在的不同学习情境下的中介及其作用，特别是中介背后蕴藏的社会文化意蕴，就能够帮助我们解释教师专业学习的内生机制。我们应该看到，教师在教学工作中开发出了诸多工具，如教具等，这都是教师实践性知识的物化体现。借助这些中介工具，我们能够将教师的实践性知识放在可供讨论、可供批判的层面。另外，中介工具不仅具有解决问题的价值，而且能够反作用于主体，成为掌控个人行为的工具。例如：标准化的教学术语、校本课程设计方案、公开课录像等，都能够规范和指导新手教师的教育教学行为，也会成为学校教师专业发展制度化进程中的一环，教师的实践性知识也不再仅仅是个人的、个性化的反思，而具有可传承性。

3. 关注"矛盾"的激活作用

活动系统中的内在矛盾，被看作系统变革与发展的驱动力量。这在伊利恩科夫（Il'enkov，1977）的理论中得到了深入的分析。恩格斯托姆提出了四个层次的"矛盾"。一级矛盾是日常工作中的干扰和张力，使当前的活动表现出一种有待发展和有待变革的需要，它出现在活动系统的各个要素内部。二级矛盾出现在同一个活动系统的不同要素之间，二级矛盾往往由"双重束缚"（double bind）引发。贝特森（Bateson，1972：208）认为，当一个人同时收到两种相互冲突的讯号时，我们就说他遇到了"双重束缚"情形。三级矛盾是不同客体、动机之间的矛盾，即不同活动系统之间的矛盾。四级矛盾是新的活动客体浮现与发展之后形成的新的活动系统与周边其他邻近系统之间的矛盾（Engeström，1987：89）。

"矛盾"在活动系统中处于中心地位，它往往是某种历史性积累的结构性张力，既可以在系统内部存在，也可以在不同的系统之间存在。来自不同传统或利益团体的多重声音（multi-voices）使活动呈现出不同的层面。活动是一个开放的系统，当引入新的要素（例如：新技术、新问题）时，它就会激发一些次级矛盾（例如：群体规则、劳动分工）。矛盾会催生出系统中的扰动（disturbance）与冲突（conflict），这些扰动与冲突正是活动系统变革的源泉（Engeström，2001）。

教师在复杂情境中的行动，充满了不确定性与价值的冲突。在日常的教育教学工作中，教师会发觉自己处在各种矛盾的情境中，例如：不同的利益主体对教学效果有不同的期待，素质教育的理想与应试教育不相兼容，行政干预与教师自治之间存在冲突，等等。教师在日常的教育教学环境中，面对各种矛盾不断地做着决策，决策的过程就集中地体现了教师的实践性知识。正如杜威所说：知识通过操作把一个困境变成了一个解决了的情境（杜威，2005a：188）。从这个角度来看，教师的实践性知识之所以能够被称为"知识"，是与矛盾分不开的。根据杜威的实用主义观点，只有在行动中的知识才是真正的知识，知识的作用在于解决疑难（杜威，2005b：88）。因此，倘若我们能够回答"教师是如何在矛盾、扰动或冲突的环境（或典型情境）中思维和行动的"这一问题，就能够集中揭示出教师的实践性知识。

4. 关注行为的文化历史性

从文化-历史活动理论中，我们能够看到某些本土心理学的身影，这为我们研究中国教师实践性知识运行的本土特色提供了支撑，也能够帮助我们看到社会-文化结构与教师专业学习和发展之间的关联。但是，这里的"文化"又与"文化心理学"中的"文化"不同，它更贴近于"社会"的概念，即"文化的"就是"社会的"。"社会-文化"取向的核心思想在于：主张在现实的生活情境或真实的生存环境中研究人的心理与行为，该取向的研究承认被研究者与其生活环境的整体性，不将他从真实的生活环境中抽象、脱离出来，而将他放回、融入真实的生活环境之中去；同时，也承认研究者与被研究者的整体性，不主张主体与客体的对立，而主张主体与客体的融合，不干涉、打断被研究者的真实生活，而进入、融入被研究者的真实生活，从而在实质上构建一种共生的关系。

对教师实践性知识研究而言，走出"个体-经验"取向束缚的有效途径就是将个体与集体连接起来，找到特定社会历史条件下教师思维与行动的共性。它消解了质性研究在推论策略上的两难，这也是文化-历史活动理论最重要的方法论价值之一。正如苏联心理学家斯米尔诺夫所指出的："正是历史原则构成了该（文化历史）学派的全部理论的核心，作为苏联心理学家的维果茨基的主要的功绩及其在苏联心理学发展中所做的巨大贡献，也就在于此。"（斯米尔诺夫，1984：312）本书关注教师实践性知识背后的社会-文化历史因素，将个体教师的思维与行动放在教研组、学校、社群等不同层面的群体环境中，并实现研究结果在更大范围上的认同与共鸣。

四、核心关注与问题表达

本书将教师的实践性知识看作教师专业学习的重要成果，并视教师的教育教学实践活动为一个真实的、持续的学习过程，重点关注教师在实践工作中是如何产生、传承与发展其实践性知识的，并以此作为教师专业学习的关键维度，重新界定教师个体与群体学习的机制。在文化-历史活动理论视角下，我基于自身从 2013 年至 2015 年所做的田野研究，搭建了本书初步的概念框架（见图 1.3），本书的三个案例以此为基础与模型发展出三种不同的结构变体，并描摹教师实践性知识不同的生成机制。

在文化-历史活动理论框架下，本书将教师实践性知识的生成过程视作多个系统之间的互动，即教师借助实体工具（技术、教材）和（或）虚体工具（语言、符号），在共同体内部的权力分配与规则约定

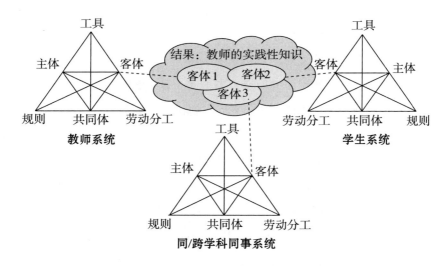

图 1.3　研究的概念框架

下，与其他活动系统（如：学生、同事等）进行意义协商，最终在现实的"工作空间"与"问题空间"（Engeström，Sannino，2010）中开辟出第三空间——"知识空间"——的过程。其中的知识内涵就是教师的实践性知识，它是从实践问题中来、在实践中生成、表现为实践的样态、以改造实践为目的的一种知识形态。它是上述一系列活动的产物，而这些活动及其逻辑关系就构成了教师实践性知识生成的内在机制。教师在创造或使用工具解决问题时，他们的主体性得到充分发挥，其专业学习的机制也由此而产生。

在理论框架的引导下，本书的核心研究问题被凝练为：

教师的实践性知识是如何生成的？

通过将文化-历史活动理论的理论概念与从一手数据中扎根而来的主题概念结合，我提出如下子问题，作为引导本书写作的四个层次。

（1）教师在专业工作中通常会遇到哪些困难或问题（问题的情境、性质、特点、历史渊源与共通性，问题解决的效果、限度，问题与其他类型问题的关系，等等）？我们能够界定教师专业学习与发展的哪些典型情境？

（2）在文化-历史活动理论的视角下，教师（主体）如何借助中介工具（有形的、无形的），在共同体的劳动分工和规则下，在与不同系统的协商互动之下，处理问题（客体）并最终创生了何种实践性知识（活动结果）？

（3）以上过程构成了教师实践性知识生成的哪些机制类型？不同机制类型之间的异同关系是什么？

（4）在此基础上，我们如何重新界定教师实践性知识的本质属性？能够为教师教育改革提供哪些智力支持与政策建议？

五、本章小结

本章主要介绍了本书的研究背景、相关研究基础以及理论视角，对教师实践性知识进行了边界的划定，并将其与教师教育的现实情况紧密对接。接下来，本书将通过多种质性研究的资料收集方法考察教师在日常工作中面临的典型问题、教师处理问题的工具及其结果，并对它们进行归类、分析，同时对这些典型案例进行理论的阐释和批判性的理解。研究的主体部分将聚焦教师日常工作的三个典型情境——课堂教学、集体教研与校本研究。一方面，本书将探究这三种情境下教师实践性知识生成的不同机制；另一方面，本书将立足教育改革的文化-历史之维，挖掘其内在逻辑的统一性，进而提出对教师实践性知识本质的新理解，论证教师在教育教学实践活动中自导性学习的可能，及其在不同情境下所依赖的不同支持系统。通过在概念框架、宏观政策与微观资料之间不断对话，教师的个体发展被置于结构性的变迁与历史性的制度形成过程中，这有利于我们形成有新意的研究结果，并最终指向实践改进的政策建议。

第
二
章

方法与过程

如果说前一章挑明了本书的研究对象是"教师的实践性知识"，并提出了本书的研究问题聚焦于"教师实践性知识的生成"，同时将研究放在一个具体而非含混的理论视域中，为研究者戴上了理论的透镜①，那么，现在的研究者，就应该背上行囊，带上信念，进入现场。这是一项实证研究，因而我们需要对所开展的田野工作进行详细的介绍：一方面，提供研究的背景和数据；另一方面，论证本书在效度、

———————————

① 在这里，我需要再次强调一下质性研究中理论与资料之间的关系。研究者不可能在开展研究之前没有自己的看法和观点，不可能没有自己的一些相对不成系统的理论假定，但研究者不应为了证实理论和概念来进行田野调查，而应在调查中不断地在田野信息和个人原有假设之间进行讨论和对话，修正、修补甚至颠覆原有的看法，产生新的理解和理论。其实，质性研究对研究者的要求是保持开放（open）而不是脑袋空空如也（empty）。我很难相信实际的田野调查者头脑中没有任何概念，或完全没有对研究对象的任何理论假定。在研究中，我们需要做的是采用归纳的资料处理方式，不为了证实假定而封闭了对外界信息的感知。正像艾尔·巴比（Earl Babbie）所说的那样："这并不表示研究者不带有理念或是期望，事实上，所知所学都会影响我们对于通则的探究方式。"（巴比，2000：359）我们不可能像新生的婴儿来到世间那样，突然空降到研究区域而一无所知，所有诚实的研究者都会承认他们在某种程度上具有一些假定。愿意对自己真诚，也对读者真诚，愿意直接告知读者自己所属的理论流派，但决不为了证实已有的理论而去发展已有的理论，这正是质性研究所追求的研究风格。我将在本章的研究过程部分详述研究的操作路径。

伦理等方面的可靠性。因此，本章主要介绍研究的方法和全部过程。

一、研究方法

克罗迪（Crotty，1998）曾提出社会科学研究的四个层次，即认识论、理论视角、方法论、方法，它们逐次变得具体。威尔森和赫钦森（Wilson，Hutchinson，1996）也认为，研究者的哲学假设、分析策略与研究结果，都和某种具体的方法论的选择密切相关。本书在认识论、理论视角、方法论、方法四个层面的定位，可以用图 2.1 来表示。

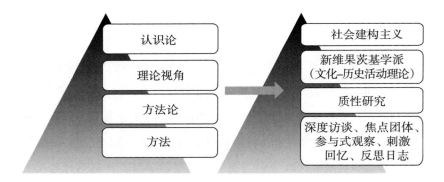

图 2.1　本书中研究的设计层次

本书中的研究建基于社会建构主义（social constructivism）的认识论之上，并以此来指导整个研究的实施过程与分析视角。诚然，社会建构作为一种哲学认识论基础，可以衍生出许多不同的理论流派，本书则主要站在新维果茨基学派（neo-Vygotskianism）[1] 的视角下，具体以文化-历史活动理论为抓手，特别是以恩格斯托姆的第三代文化-历

---

① 丹尼尔斯（Daniels，1996）认为，维果茨基的知识背景主要是法律和文艺学。而新维果茨基学派主要以维果茨基的理论遗产为基础，于 20 世纪后半叶在多学科领域对其加以运用。而且，新维果茨基学派也提出了一些新的术语，包括"集体中介"等。"文化-历史活动理论""社会物质材料（social-material）视角"等都是新维果茨基学派的代表性理论。

史活动理论的观点为抓手，关注集体在问题解决过程中与社会情境的互动及其知识建构的变化历程。

在方法论层面，我主要采用质性研究方法，捕捉教师在真实工作情境中的行动与思考。在具体的研究方法上，我综合使用了多种方法收集不同类型的资料，主要包括深度访谈、焦点团体、参与式观察，此外还邀请了教师撰写教学日志并收集教师的教案文本，等等（陈向明，2000）。

二、资料收集

研究的具体实施过程涉及建立初步的概念框架、抽样、资料收集、资料分析等步骤，这些环节并不是线性逐次完成的，而是按照一个相互渗透、不断推进的轨迹展开的（见图2.2）。

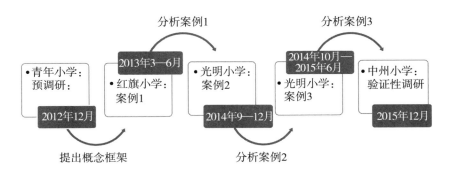

图2.2 资料收集与资料分析的交织过程

本书的田野调查过程从2012年12月开始，我主要在北京市的红旗小学与光明小学进行了长期的定点追踪，坚持每周去一次案例学校，每次至少半天时间（约4个小时），或者听课，或者参加教师研讨活动，也参与了教师一些校外的研修活动，收集了大量的一手资料。最后，我以红旗小学与光明小学为核心提炼出了教师实践性知识生成的三个典型情境与案例，作为本书的主体部分。

（一）初步收集资料

2012年年底，我在导师的联络下，第一次来到北京市的一所公立学校——青年小学。当时，我并没有清晰的研究问题，只是将"教师实践性知识"作为访谈或观察的一个关键词，同时也在不断调整访谈提纲与观察量表。但是，由于我在此前已经接受了系统的教育学专业训练，我对于研究的大方向——描述并解释教师的实践性知识——是清楚的。

教师在访谈中谈到了许多有关课堂教学的内容，课堂观察实录也如实反映了教师教学的行动。通过分析两份原始资料，我看到了教师许多独到的教学方法与策略，包括处理教材内容、处理与学生之间的关系、课堂管理、自我的专业发展等内容，这些都与教师的实践性知识密切相关。由此，我提炼出了一些初级概念，帮助自己进一步思考研究问题，这些概念包括教师、实践性知识、情境、问题、教学、师生关系、纪律、学科内容、自我、发展等等。

（二）提出构想性框架

从预调查中提炼出的关键概念显得较为零散，为了使这些概念"站起来"，我并没有一味埋头于一手资料，而是充分利用自己先前理论学习的经验，尝试找到一种或几种恰切的解释视角，来帮助自己迅速浸入研究现场并对纷繁复杂的研究资料保持理论的敏感性。

教师的实践性知识反映了一种全新的知识哲学。杜威（J. Dewey）的实用主义和米德（G. H. Mead）的符号互动论首先进入了我的视野。杜威和米德都认为，观念不是对是什么和已经是什么的陈述，而是对将要实施的行为的陈述（Dewey, 1929）。更准确地说，知识是由自我反思性的人在行动和互动中产生的（Mead, 1972）。杜威和米德的观点体现了教师实践性知识的实践性、反思性、互动性。但是，教师的实践性知识与认知是分不开的，我随即将视角投向了理论心理学。通过阅读本土心理学、文化心理学等领域的文献，最终，依据个人的哲学立场、研究喜好以及对理论的亲和感，我选择站在新维果茨基学派①的脉络下开展自己的研究，并从中提出研究最初的概念框架。

（三）调研案例 1

在形成初步的构想性框架之后，我采用方便抽样的方法，联系了北京市的红旗小学，红旗小学是普通公立小学，学校规模适中，教学质量在全市排名中上游。我对红旗小学的若干名教师（以数学学科教师为主）进行了 4 个月的追踪式研究，并主要在 2013 年 3 月至 2013 年 6 月完成了资料收集的工作。

我对红旗小学的两名数学教师和一个教师科研小组进行了追踪调查，主要采用了深度访谈、参与式观察（课堂观察）、焦点团体等技术收集了资料，并对原始资料做了初步分析。我借鉴了考宾和施特劳斯（Corbin，Strauss，2008）提出的"微分析"方法，对教师的言语行为进行高倍放大。

根据资料的主要内容，我将焦点放在"教师课堂教学活动中的实践性知识"以及"个体教师应对'减负'政策的实践性知识"之上，并通过编码技术形成了一系列的概念及主题。在这个基础上，我形成了对教师实践性知识的初步概念，修正了原有的理解，并将质性数据与文化-历史活动理论的框架进行对照，以典型情境下教师的活动系统为分析单位，初步分析了教师生成实践性知识的过程与结果。

但是，经过分析我发现，在红旗小学收集的资料集中于文化-历史

---

① 新维果茨基学派一方面继承了维果茨基关于人的高级心理机能的社会历史起源论；另一方面又避免了绝对的社会决定论，引入了个体内在发展的可能性，调和了内外之间的冲突。

活动理论框架的最上层，即教师个体在面对与问题情境的"冲突"之下，运用不同的实体或虚体工具解决问题的过程（见图 2.3）。这个案例略显单薄，而且有关教师实践性知识生成机制的问题在信息和理论方面都没有达到饱和。那么，处于概念框架下端的部分又将如何解释教师实践性知识的生成问题呢？

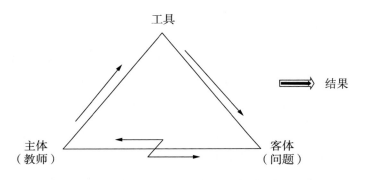

图 2.3　基于问题情境的教师实践性知识

（四）调研案例 2

基于对北京市红旗小学的研究分析，我发现与教师实践性知识生成相关的一个重要概念是"教师共同体"：教师在人际的协商与互动中创造了知识生成的可能。因此，在这一步，我将研究的焦点概念集中在"教师共同体"上，从文化-历史活动理论的框架上来看，就是使概念重心"下移"，从最初教师个体运用工具解决问题，下移到共同体、劳动分工与规则三个要素上（见图 2.4）。

因此，我以"教师共同体"为核心概念，抽取了北京市的另一所学校——光明小学作为研究样本。光明小学与红旗小学在学校规模、教学质量等方面旗鼓相当，在地理位置上也较为接近，位于北京市的同一个行政区。由于在红旗小学我的研究对象都是数学教师，因此，为了在同类现象中对"教师共同体"中的实践性知识展开系统的探究，我

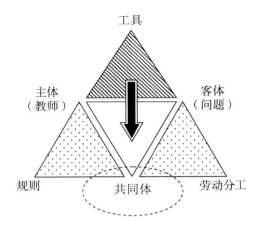

图 2.4　基于"共同体"概念的研究重心下移

在光明小学抽取了四年级数学教研组（共 5 人）作为研究对象，从 2014年 9 月至 2014 年 12 月进行了为期 4 个月的追踪调查，翔实记录了四年级数学教研组教师"同课异构"课例研究活动的全过程，反映了在备课、试讲、相互点评等活动中教师实践性知识的流动状态。

在这个过程中，我逐渐发现，"学科知识"对于教师实践性知识的生成有一定的影响。如前所述，不论是在红旗小学研究的个体教师，还是在光明小学研究的教师小组，都是数学学科的教师，为了使研究结论的抽象程度更高，我决定在"教师共同体"的基础上，进一步以"学科"为核心概念做下一阶段的抽样。

（五）调研案例 3

在这一阶段，我抽取了光明小学一个跨学科教师科研小组作为单一学科教师群体的"反例"，目的是进一步确定有关教师实践性知识生成机制中的核心类属。该小组由光明小学 8 位教师组成，包括语文、数学、科学、体育等四个学科的教师，小组活动的主要内容是"学做研究"，主要形式是每周一次的研讨活动。

从 2014 年 10 月至 2015 年 6 月，我对这个跨学科教师科研小组做了参与式观察，同时运用邀请教师写反思日志等方法收集了丰富的资料。通过对光明小学跨学科教师科研小组的调查，我以"学科知识"为关键概念，对教师实践性知识的生成问题完成了进一步的探究。在此基础上，我完善了已有的概念框架，挖掘出了更多的要素（见图2.5）。

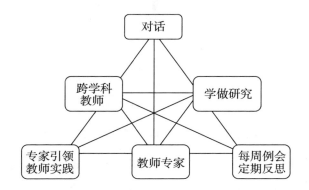

图 2.5　基于"学科知识"概念完善概念框架

（六）提炼核心类属

至第五步为止，研究已经能够达到初步的资料饱和。但是，上述红旗小学和光明小学两所小学均位处北京。考虑到北京社会经济相对发达，教师的教育理念也相对先进，那么，对于更大范围的一线教师，他们在教育教学实践中生成实践性知识的机制是否也与此相类似呢？

为了回答这个问题，我采用目的性抽样的方法，选取了河南省郑州市的中州小学作为又一个案例学校。2015年12月，我借助为该校教师开展工作坊的机会，对中州小学的10名教师采用"合作叙事"的方法收集了资料，主题聚焦于教师专业成长中的实践性知识。同时，我还收集了教师的个人反思，将其作为进一步分析的资料。这些资料集中于教师的自我反思，包括对自己的生命历程与教学工作的关系、自己的教学经验与困惑、自己在专业发展方面需要的支持等的反思。通过这种"拟定主题–教师叙事"的方式，我在有限的时间里获得了信息密度非常高的原始资料。

至此，我已经掌握了三所不同学校的教师实践性知识相关素材，考虑到了教师的个体实践与协商互动，还考虑到了单一学科与跨学科教师专业学习的不同机制。其中涉及的"课堂教学""课例研究""教师共同体""师徒互动""学科知识""跨学科知识""问题解决""行动规范""权力分配"等，都是与教师实践性知识生成机制问题密切相关的理论概念，也是本书理论创新的生长点。

基于已有的研究资料，我按照质性研究的归纳式分析路径对相关概念进行了整合（详见图 2.6 中的举例）。最终我将依据图 2.6 的分析思路梳理出教师实践性知识生成的全部要素和它们之间的相互关系。

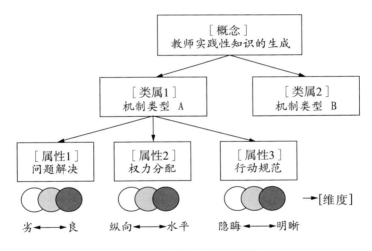

图 2.6　资料分析路径举隅

从最初的资料收集到概念类属的提出，我总共调查了四所案例学校，交叉使用了方便抽样、目的性抽样、理论性抽样的方法，在理论的发展、资料的相互佐证上达到了一定的效果。同时，我根据不同阶段所收集到的资料，发现了不同的概念，并以此概念寻找"反例"，不断丰富理论的内涵、厘清理论的外延。这样做，能够大大扩展理论的形式意义，规范理论的适用范围，提高理论的抽象程度。

三、资料分析

虽然资料分析的过程早已被嵌入资料收集的环节中，但是为了让读者更明白这一过程，我有必要在这里专门介绍我所使用的所有资料来源以及主要分析技术。

（一）资料来源

本书中的三个案例集中在红旗小学与光明小学两所学校中，两所学校主要参与者的基本信息如表2.1所示。

表 2.1　研究主要参与者列表

学校	姓名	年龄(岁)	教龄(年)	职务	学科	所教年级
红旗小学 （案例1）	王校长	45	—	校长	语文	—
	林南	35	10	教师	数学	三年级
	张昭	31	8	教师	数学	一年级
光明小学 （案例2）	孙玲	26	0.8	教师	数学	四年级
	李东	40	18	教研组组长	数学	四年级
	周欣	28	3	教师	数学	四年级
	吴菲	38	15	人事处主任	数学	—
	素梅	42	20	教师	数学	五年级
	郑昉	36	13	学科主管	数学	二年级
光明小学 （案例3）	赵校长	42	23	校长	科学	—
	钱博士	35	2	大学教师	—	
	王思	36	15	学科主管	科学	四年级、五年级、 六年级
	刘忠	27	1	教师	语文	六年级
	周军	35	10	教师	数学	六年级
	王媛	26	2	教师	语文	一年级
	侯云	25	2	教师	体育	五年级、六年级

注：部分教师信息未能收集，用"—"表示。

实地研究的部分从 2012 年 12 月开始至 2015 年 6 月结束，历时 2 年有余，除去寒暑假的时间，我坚持每周进入研究现场至少一次，主要运用观察、访谈和收集实物的方法获取研究所需的一手资料。

"观察"是质性研究中另一个非常重要的方法，在进入现场前，我主要设计了两个观察量表（见附录一、附录二）：观察量表一涉及对学校或班级的周边和整体环境的观察；观察量表二涉及对具体某一节课的师生教学逸事的记录。每次进入现场，我都会同时携带不同的观察量表，针对临场察觉到和思考到的事物进行记录，当然在不同的时间段也会有所侧重，例如前两次进入现场主要使用的是观察量表一，目的是对现场和情境的整体情况有所把握，此后则重点观察课堂教学，使用观察量表二。此外，还有接触摘要单（见附录三）等记录每次观察反思的工具等。

我所使用的"访谈"方法，包括正式访谈和非正式访谈两种。我采用的是一般性的访谈引导法，编订了半结构式的访谈提纲（见附录四）。访谈提纲由一些提纲挈领式的问题组成，并辅之以一些关键词来进一步解释这些问题，便于访谈的聚焦。

"实物"主要包括参与研究的教师提供给我的教案、学校文件、讨论纪要以及教师曾经写过的一些文章和他们的教育叙事、反思日志等。使用这些不同的资料收集方法主要是为了消除研究的效度威胁，并让研究更加真实而饱满。

根据上述具体的资料收集方法和类型进行统计，本书所使用的主要资料相关数据见表 2.2。

表 2.2   主要资料汇总

资料类型	数量（份）
1. 观察	
-课堂实录（音像资料）	16

资料类型	数量（份）
−课堂记录（文本资料）	14
−教师会议实录（音像资料）	3
−教研活动实录（音像资料）	21
−田野札记	12
2. 访谈	
−深度访谈（一对一，相对半结构式访谈时间更长，一般时长在 60 分钟至 90 分钟）	15
−结构式访谈（20 分钟）	2
−焦点团体（一对多）	2
−无记录式开放访谈（如：聊天）	2
3. 实物	
−教师教案	6
−教师反思日志	14
−教师工作总结	2
−学生课后作业	5
−学生随堂练习	20
−教师社交网络资料（如：博客、微信）	3
4. 其他	
−教师校本研究材料	39
−教师教育信念反思（调查表）	6
−教师工作时间分配（调查表）	6
−学校行政文件	11
−照片	68
总计	267

（二）分析技术

质性研究本身就不是一个线性的过程，资料的分析也必然不会简单处于资料收集之后。在本书中，资料的分析与资料的收集是同时进行的，这既是研究本身的技术要求，也有很多固有的优势。首先，可以防止遗忘，将自己接触资料时最初的鲜活印象记录下来，这对于后续的资料分析是非常重要的，因为很多重要的感触可能会转瞬即逝。其次，在收集资料的同时进行资料的初步分析可以指导自己下一次进入研究现场收集资料的方式和关注点，帮助自己寻找新的资料收集策略。最后，尽早分析田野资料，也能防止"资料堆积如山"的窘境出现，及时的资料分析可以给研究者带来内心的满足感和成就感，并促使其保持研究的兴趣。

在大量的资料中，我首先抽取出"关键事件"，它们能够帮助研究者更有效地理解、概念化和情境化每位教师的个人经验。我集中针对教师教育教学中的"关键事件"进行深描，并从具体的事件透视教师的思维与行动。同时，由于我借助了文化-历史活动理论的原始分析框架，收集的资料主要是教师日常工作中的群体互动，且我将教师的实践性知识的生成过程看作多方学习活动组成的复合活动，因此，在本书中我可以将具体的分析方法称作"关键活动分析"，通过它我可以看到不同的子系统在不同的中介协助之下是如何运作的，以及教师个体和教师共同体在活动系统中生成的实践性知识。

总之，质性研究的资料分析与资料收集本是水乳交融的过程，正如本章前一部分对六个研究步骤的描述一样。尽管资料分析的方法已经在前文得到了充分解释，但我仍旧将其单独拿出，目的是从分析技术的角度再次提炼一些资料分析的经验。总体的资料分析是一个自下而上、上下互动、不断循环、不断与理论进行对话的过程，具体分析过程见图 2.7。

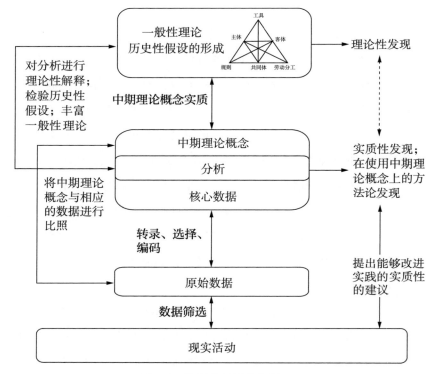

图 2.7　资料分析过程鸟瞰

注：此图参考了恩格斯托姆的相关研究（Engeström，2016a）。

四、成文方式

（一）沃勒与托马斯的启示

做教师教育的研究，沃勒（Willard Waller）[①]的《教学社会学》（*The Sociology of Teaching*）是必读的经典书目。在《教学社会学》一书中，沃勒将学校看作一个社会机构，从社会学和社会心理学的视角对具体、典型的学校生活情境进行了分析。他认为，学校的世界就是

————————

① 在台湾地区也译作华勒。

一个社会的世界，是一个不断进行意义阐释的空间。

沃勒主要从社会互动的角度入手，将学校的社会情境分为"学校-社区关系""学生-学生关系""教师-学生关系""教师-教师关系"等（Waller，1932：12），并对其中的典型情境做了分析。其实，对教学情境进行界定的想法，并非沃勒的原创。托马斯（Thomas，1928）在《行为模式与情境》（The Behavior Pattern and the Situation）中提出了"情境界定"的概念，这个概念工具对于我们理解人类生活以及学校生活非常有帮助，它揭示了有关精神生活与社会生活的一些真实可见的方面。

托马斯的"情境界定"借鉴了格式塔心理学的若干观点，他认为，我们对情境的界定是一个过程，这种过程主要是精神、认知层面的。这个过程大体可以描述为：个体在接触到某个特定的情境之后，通过探索一些可能的行为，来触摸情境的限度与边界，进而形成自己对特定情境的态度。这是个体对于群体生活的精神产品（psychic products of group life）。有时，我们会用一些群体生产出的精神产品来帮助我们进行情境界定，这些群体性的精神产品可能是道德、习俗、礼法、禁忌、法律、集体表征与集体记忆等。

虽然个体对情境的界定非常具有主观性，但是处于同一群体内部的他人观点依然非常重要，并且会影响个体对于情境的界定，因此，我们也可以认为，个体是为他人而对某个情境做出界定的。对某个情境进行界定的潜在要素包括：（1）情境的结构；（2）所采取的行动；（3）个体与情境互动所产生的态度或活动（Waller，1932：294）。简单地说，情境界定能够帮助我们在具体的情境下采取适宜的行动。例如，新教师来到工作岗位，面对的是一个全新的环境，所有的一切都未经界定，他也完全不知道学校情境对他的期待是什么。一个新的班级即便对有经验的教师，也是一个未经界定的情境，他也需要迅速对具体的课堂环境做出界定。因此，在学校生活中，时时刻刻都可能有新的情况发生，此时教师的情境界定能力就显得很重要了。如果遇到了相似的情境，那么教师就很有可能采取相似的行动；如果遇到了截然不同的新情境，那么教师就会借助经验的支持来建立新的情境认知。这往往与教师的实践性知识关系密切。

沃勒将托马斯的"情境界定"概念引入对学校生活的分析，这对本书的写作启发非常大。他从格式塔心理学的角度入手，用一种整体的视角勾画了教师认知的一般化方式，即他采用了一种情境化的、整体的，而非片断的、破碎的方式。我们认为，教师对教学情境的界定对他们的专业成长来说非常重要。教师的实践性知识是高度情境化的，在"当……，应该……"的表述模式之下，我们看到了情境作为教师决策与实践的约束性条件的重要性（陈向明 等，2014）。顺着沃勒"情境界定"的思路，本书希望关注的问题是：

教师在学校生活中通常会遇到哪些典型的情境？这些情境与他们的专业学习与发展有什么关系？他们是如何界定这些情境的？又是如何在具体的情境中采取适宜行动的？情境界定如何帮助他们找到了自己在学校生活中的角色定位与专业认同？

从"情境界定"的角度出发提出的上述问题，与本书的研究问题实现了很好的契合。因为教师的实践性知识是高度情境化的，因此从典型的情境出发来整体性地呈现教师实践性知识的思路在逻辑上是可行的。

（二）构架案例的逻辑推演

按照上述思路，本书的基本逻辑推演可以是：通过勾勒教师在学校生活中的若干典型情境，以及观察与访谈等多种方法，描画出教师对于典型情境的界定。这种方式既涉及他们的认知，也涉及他们的行动。由此我们就可以在一个整体的画面之中捕捉到教师的实践性知识，并看到在一个整体框架之下教师实践性知识的运行过程，包括生成、传递、发展与更新。这种情境界定是教师个体与结构之间协商的结果。进一步，我们可以提炼出教师在典型情境之下的典型行动，这可以被看作教师的"核心实践"（Grossman，Hammerness，McDonald，2009）。在此基础之上，我们以情境化的核心实践来设计教师教育课程。这些教师教育课程不是脱离教师工作现场的理论课程，而是基于教师实践的工作现场的课程。这种课程是嵌入教师工作中的、以教师工作的改善为目标的课程。这是一种全新的教师教育课程观。

在这样一种逻辑思路之下，本书的主体部分也借助"典型情境"进行谋篇布局。接下来的三章均基于教师在学校生活中遇到的与自身专业学习与发展相关的典型情境展开，包括日常课堂教学、集体教研、校本研究等。上述活动在中国的中小学是非常普遍的，具有共性和代表性。它们既有学校组织的，也有教师群体自发的；既有教师个体的反思，也有教师群体的互动。当基于教师专业学习中的典型情境展开分析时，我就可以针对教师实践性知识的生成机制提炼出如下命题：

当……（情境）的时候，教师会在……（个体/群体）的帮助下，借助……（工具/符号），通过……（规则/劳动分工），在……（系统）与……（系统）之间协商，生成……（实践性知识），进而导致……（影响）。这是一种……（类型）的生成机制。

据此，我形成了"情境描述—生成机制—结果效用"的逻辑。"情境描述"指的是对典型的教师学校生活中的情境进行写真，这里的"描述"既包括纵向的历史追溯与现实刻画，也包括横向的个案学校与同类学校的比较。我希望能够在一个跨越时空的视角下论证该情境之于学校教师专业生活的典型性与普遍性，并通过整体的情境描摹凸显情境中的历史累积性矛盾，这种矛盾是激活教师实践性知识的重要动力。"生成机制"是各章的主体分析部分，主要借助文化-历史活动理论所提供的要素进行分析，揭示要素内部、要素与要素、系统与系统之间的互动机制与力量关系，最终勾画不同情境之下教师实践性知识生成的逻辑和模型。最后，"结果效用"指的是该种类型的实践性知识的表征、效用及限度，即它在何种情况下能够发挥作用，以及具体针对教师专业发展的哪些方面发挥作用。此一成文逻辑为文化-历史活动理论的分析视角提供了稳定的结构，通过寻找典型的问题情境，使本书理论视角的解释力达到最大程度的释放。

五、评估研究质量

（一）研究的效度

除了质性研究中常用的三角验证方法以外，本书结合理论视角的独特立场，提出了效度检验的四种方法，保证了研究结果的真实可靠。

首先，本书在进行资料收集的过程中，不断以新的理论概念（如：共同体、学科）的浮现作为下一阶段抽样的指导，通过找到阶段性研究结果的漏洞，以及不断进行自我质询，形成合理的研究结论。其次，在研究过程中，我会向研究参与者进行反馈，教师可以听到我对他们教育教学活动的解释。对于研究的阶段性发现，我也都与相关当事人进行了分享、核实。同时，我还听取了同行、亲友对我的研究的建议，从不同的角度对我的研究结论进行了补充。再次，我对研究中所有的资料都进行了妥善的保管，文中所有引用的录音、文档、图片等都能够直接对应原始记录并有据可查。最后，我将本书的结果与已有国内外相关研究进行了对比，同时咨询了国内外该领域的权威研究者，他们对本书结论的肯定也在一定程度上证明了研究的效度。

（二）研究的推广度

首先，本书明确了推广度的内涵在于理论性推广而非定量研究的大数定律。尹（Yin，1994：10）指出，质性研究要想获得真正的生命力，就必须遵循自己独特的逻辑。在质性研究中，研究者的目标是进行分析性概括，而非统计概括。在分析性概括中，理论扮演了重要的角色。文化-历史活动理论作为一种模板（template），被用来作为与个案进行比较的工具，同时也构成发展新理论的前提。西尔（Seale，1999：109）指出，研究者是根据一个个案的逻辑关联或理论意义对其进行外推的，外推的有效性不取决于个案的代表性，而取决于理论推理的力量。本书在推广度上的贡献，正是从"理论推理"的角度生发出来的。

其次，文化-历史活动理论也具有方法论的意义。传统的质性研究通常将研究结论局限在日常世界的范围内，无力或者无心顾及广泛的历史模式和宏观结构。文化-历史活动理论则将田野"扩展出去"，从独特中抽取一般，从微观走向宏观。通过对宏观、微观两方面因素的经验考察，达到对问题的深入理解：不仅看到微观，而且时时体察宏观结构等因素对日常实践的渗透性和影响力。

最后，文化-历史活动理论的基本原则之一是从抽象到具体。文化-历史活动理论秉承了马克思的辩证法，这体现在抽象与具体之间的辩证关系上。文化-历史活动理论认为抽象包括"经验性"与"理论性"两种。本书旨在做出"理论性抽象"，即找到现象背后的基质（germ cell）（Engeström，Nummijoki，Sannino，2012），揭示现象的功能性互动，并以此达到理论性推广的目的。这是文化-历史活动理论独特的方法论原理。

六、研究伦理

教育科学研究活动与其他任何人类活动一样，是一种伦理性的活动。从事这项活动的研究者必须认同并遵循研究中的伦理，即遵循自愿、保密、公正合理和公平回报的原则。遵循研究伦理不仅可以使研究者本人良心安稳，而且可以提高研究本身的质量。认真考虑研究中的伦理问题可以使研究者更加严谨地从事研究工作。

我在最初到访四所小学中的每一所的时候，都遇到了一定的困难。为了淡化我作为一个外来研究者的身份，并真正和教师们打成一片，我主要做了以下三项努力。

首先，在时间上确保我与教师有频繁的接触。发展心理学中有关依恋关系的研究表明，人与人之间接触的频率越高，越容易建立依恋关系；社会学中的互动仪式链理论也表明身体共在是保证生产情感能量和共同体认同的基本条件。因此，我除了节假日、寒暑假或事务性工作导致的时间冲突以外，保证平均每周至少到访小学一次，每次进行不少于 3 个小时的观察或访谈。

其次，我如果作为一个纯粹的研究者，带着自己的研究问题进入现场，就很难避免带着某种"居高临下"的状态来收集资料。研究的经验告诉我，我需要和老师们成为朋友，方能推进我的研究。拿我和光明小学四年级数学教研组老师之间的交流为例，在工作上，我参与他们的教研活动，听老师们的常态课，并给予新教师备课建议；在课余时间，我会和老师们在办公室聊天。在研究过程中，我参与了老师们日常教学的部分环节，保证了我能够收集到更真实和更丰富的资料。

最后，作为研究者，要想深入现场，除了具备研究者基本的能力素质之外，还应该考虑中国社会中独特的"人情文化"。举例来说，在进入光明小学收集资料的同时，我也应该为光明小学做点什么，这涉及研究的互惠原则。我加入了光明小学一项校本研究课题，义务帮助光明小学开展研究项目，并指导课题组的成员们学习基本的研究方法，例如如何做访谈、如何分析质性资料等。与光明小学课题组教师的交流也增加了我深入现场的可能性，并从一个侧面反映了许多教师日常教学中的事实和问题。

上述三个方面是我处理与教师之间伦理关系的方法，它们加大了我深入研究田野的可能性。这三种参与研究现场的策略具有更大范围的方法论意义，同样可以为其他研究者所借鉴。

七、本章小结

本章详细交代了研究的全过程，在社会建构主义的基本哲学立场上，呈现了质性研究从设计到实施再到成文的全景。特别值得一提的是，质性研究资料收集与资料分析的交织过程，是实现经验事实与理论概念深度对话的关键。而研究结果的呈现方式与案例的推演逻辑也需要借助多样化的理论资源。因此，从方法论角度来讲，本章力图在研究的内容、理论视角与方法策略三个层面达到一致与契合。此外，本章也对研究的伦理问题进行了细致的探讨。本章有关方法论的细致分析能够为同类研究提供参考和借鉴。

接下来的第三章到第五章是全书的主体部分，将对教师实践性知识生成的三种典型情境进行分析。教师实践性知识的生成过程隐藏在教师的实践活动中，体现在对已有知识的调动、运用和更新的过程中。教师真实的教育教学活动将成为后文提炼三种不同的教师实践性知识生成机制模型的土壤。

当我们谈到教师实践性知识的生成情境时，最容易想到的就是教师的课堂教学活动。我在红旗小学随机询问了三位教师，他们每天在学校的工作时间为 9 个小时，其中教师在教室上课的时间平均每天为 2—3 个小时，占到总时间的三分之一左右。正如罗蒂（Lortie，1975）在《学校教师：一项社会学研究》（*Schoolteacher：A Sociological Study*）一书中指出的那样，课堂就是教师的"一亩三分地"。一项来自瑞士的研究发现，教师对职业工作的自我效能感或自我满意度，源于自己在课堂环境之中的"小修小补"（tinkering），而非参与学校甚至学区层面的教育改革或政策制定活动（Huberman，1992）。反倒是那些在课堂空间之内的教学方法的创新、教学材料的更新或对学生的因材施教等，最能够让教师产生专业效能感。因此，以课堂教学作为教师日常工作最基本的情境有相当的合理性。

不论从研究者以往的研究发现来看，还是从红旗小学教师的反馈来看，课堂教学都是教师工作最重要的一部分，也是他们专业成长的契机。特别是对于新手教师来说，"站稳讲台"是他们入职期间最重要的任务。而对于有经验的教师来说，如何让教学内容更容易被学生理解并实现迁移则是教师不断探索的目标。在课堂教学的情境下，教师与学生组成知识探究的共同体，双方教与学的活动相互嵌入在一起难解难分，推动了教师实践性知识的生成。

本章案例源于我对红旗小学三年级数学教研组林南老师及其所执教的两个班级历时4个月的追踪调查，同时我还对该校近十位教师和学校管理人员进行了访谈，以期了解当前教师工作的政策环境，将教师的教学活动放在学校管理与教育改革的话语网络中进行考察。

本章作为全书的第一个案例分析章节，将系统分析在课堂教学情境下，教师教学活动中实践性知识的生成机制，并由这样一个最常见、最容易被简单化理解的情境，引出教师实践性知识生成中的矛盾，特别是真实的学校工作场域中所蕴含的张力和内在的冲突。我将按照第二章所搭建的成文逻辑，通过剖析课堂教学情境的特性并对其进行历史性（historicity）追溯，聚焦当下一名普通小学数学教师的日常教学活动，尝试对课堂教学情境中教师实践性知识的生成机制及其结果进行研究，并勾勒出该情境下教师实践性知识生成的模式。

一、课堂教学情境

课堂教学是师生互动的场合，不存在没有教师的教学，也不存在没有学生的课堂。正如《礼记·学记》所言："是故学然后知不足，教然后知困。知不足，然后能自反也；知困，然后能自强也。故曰：教学相长也。"师生之间的教学相长，以双方紧密的对话展开。在本章的案例中，师生共同体以难解难分的、即时而又持续的嵌套方式推进教师实践性知识的生成。

为了打开教师在课堂教学活动中实践性知识的生成过程，我们采用文化-历史活动理论的分析视角。该视角特别强调人类活动的文化历史性，认为人的发展离不开具体的社会历史情境，同理，教师实践性知识的发展与生成也需要追溯社会历史的因素。因此，在进入本章的案例分析前，我们有必要梳理课堂教学情境的历史发展过程，厘清课堂教学情境的一般特性。特别是，在中国的教育环境之下，面对大班额、集体授课、统一课程的历史传统与现实情况，教师在教学活动中面临的矛盾以及尝试化解矛盾的中介工具（mediated artifact）必然具有历史的累积性，它们自然会成为教师实践性知识生成的重要背景和动力。这样历史性、情境性的分析，有助于我们把握案例教师所面对的更为根本的问题，而不是仅仅停留在案例和教学片段本身上。这种基于历史演化的矛盾分析方法，有助于研究者抓住情境内核，并从实证思维（empirical thinking）走向理论思维（theoretical thinking），为后续的理论性抽象打基础。①

（一）课堂教学情境的历史追溯

课堂是教师实施教学活动的重要场所。在古代，教学的形式主要是个别施教，一个屋子里往往聚集着年龄悬殊、程度不一的学生，教学内容和进度各不相同，教学时间没有统一安排，教学效率一般都很低。典型的例子就是欧洲中世纪的教会学校，中国古代的书院、私塾，等等。随着社会的进步，个别施教的制度已不能适应社会生产的日益发展、社会经济生活的日益扩大，以及文化科学的迅速进步，教学效率亟待提高。

---

① 本书在领域推进方面的贡献，主要体现在基于案例的理论模型的建构上。书中所指的理论性抽象，源于"实证思维"与"理论思维"之不同。这里需要说明的是，"实证思维"与"理论思维"之辨，是文化-历史活动理论的重要方法论原则之一。达维多夫（Davydov, 1990）提出了"从抽象到具体"的原则，意在主张科学研究应该找到现象背后的本质，并通过理论抽象建立模型，由此指导未来实践的改革。那么，原先在实证资料中表现得纷繁复杂的世界/现象就会转化为理论具体的、历史的、系统的整体，所有外部的现象都蕴藏在内在矛盾的关联之中。因此，本章开篇的历史分析，在于寻找课堂教学的内在累积性矛盾，透过实证材料进入问题内核，并以此为抓手搭建分析模型。

随着资本主义经济的萌芽、科学技术的进步，一种新的课堂教学组织形式呼之欲出，即班级教学。夸美纽斯是班级授课制的首创者，他在"泛智"思想的指导下，主张把全校的学生按照年龄和程度分班，将班级作为教学的组织单元。每个班级有一个教师对全班学生进行教学，以代替传统的个别施教。在班级授课制的背后，还有统一的教材、课程标准与考试规则，"整齐划一"成为班级教学的最大特点。16世纪，在西欧一些国家创办的古典中学里出现了班级教学的尝试。我国在1862年正式开办的京师同文馆首次采用班级教学的体制，20世纪初，清政府"废科举、兴学校"之后，班级教学制度在全国范围推广，这些都是我国班级教学的萌芽。

进入21世纪，"课堂"的范围大大扩展，特别是在信息技术迅速发展的背景下，课堂变得漫无边界。终身学习理念的提出，更是将学习行为拓展到了更多的场所和更绵延的时间脉络中。

但是，对于初等教育阶段的学生来说，他们学习的主要地点仍然是传统的以班级为单位的课堂，不论是国内还是国外均是如此。即便课堂教学的组织方式不断革新，小组合作学习、信息技术辅助教学等策略也依然是在班级教学的情境之下展开的。特别是在我国人口众多、教育资源相对有限的现实国情之下，班级教学依旧是当前教师教育教学工作的主要形式，课堂也是教师投入工作时间最多的场所。

对于上述班级教学制度的优越性，夸美纽斯从理论上进行了阐述：

青年人最好还是一同在大的班级里面受到教导，因为把一个学生作为另一个学生的榜样与刺激是可以产生更好的结果与更多的快乐的。（夸美纽斯，1999：35）

这种教育将不是吃力的，而是非常轻松的。课堂教学每天只有四小时，一个先生可以同时教几百个学生，而所受的辛苦则比现在教一个学生少十倍。（夸美纽斯，1999：50）

一个教师同时教几百个学生不仅是可能的，而且也是要紧的；因为，对教师，对学生，这都是一种最有利的制度。教师看到跟前的学生数目愈多，他对于工作的兴趣便愈大（正同一个矿工发现了一线丰富的矿苗，震惊得手在发抖一样）……。同样，在学生方面，大群的伴侣不仅可以产生效用，而且也可以产生愉快（因为人人乐于劳动的时候有伴侣）；因为他们可以互相激励，互相帮助。（夸美纽斯，1999：124）

当然，夸美纽斯过分夸大了班级教学的效率，主张一个教师同时教很多的学生，甚至提出"同时教几百个学生"，这显然是不符合实际的。上述矛盾之处，在夸美纽斯《大教学论》中对班级教学制度的要求里也有体现。夸美纽斯开篇就说："我们这本《大教学论》的主要目的在于：寻求并找出一种教学的方法，使教员因此可以少教，但是学生可以多学；使学校因此可以少些喧嚣、厌恶和无益的劳苦，多具闲暇、快乐和坚实的进步。"（夸美纽斯，1999：2）这里的双重对立就是课堂教学有史以来暗藏的矛盾，也是教育活动长久以来的迷思。夸美纽斯用农业生产、工业制造以及印刷术等论证了大批量生产之于教学活动的可能性，同时他又意识到了学生的差异性，例如智力和发展阶段的不同等。为了解决大班额授课以及学生差异的矛盾，夸美纽斯不得不建议把全班学生分成若干小组，每组十人，每组由一个学生去管理，协助教师监督和检查小组成员的功课，但是小组学习的质量是无法保障的。由于夸美纽斯当时对这种崭新的教学制度还缺乏经验的积累，他不知道班级人数过多，势必导致教师不能很好地完成教学任务。强调集体教学的同时保障学生的学习质量，这是存在矛盾的。

此外，在课堂教学中，时间的有限性以及固定的教学任务之间也存在矛盾。夸美纽斯首先坚信：

短促的人生（即五十、四十或三十岁的人生）如果用得合适，也足以

实现最高的目标。(夸美纽斯,1999:70)

为了达到这样的目标,也为了充分利用短促的人生,制订严格的教学计划成了课堂教学的"法宝"。但是,这种人为的设计却与自然赋予人的天性相违背,因为:

自然不强迫任何事物去进行非它自己的成熟了的力量所驱使的事。(夸美纽斯,1999:99)

我们花费了大量的篇幅追溯课堂教学组织形式的演变,追溯夸美纽斯关于班级教学理念的论述,目的是找到课堂教学最原初的历史性矛盾,并从最一般的层面概括课堂教学或班级教学活动的本源。只有从历史的角度出发,才能找到现象背后的基质,这也是文化-历史活动理论为本书提供的重要分析方法。在后续的案例分析中,我们就可以看到历史与现实的交接处——历史的累积性矛盾与现实课堂教学面临的两难具有如此的一致性。同时,历史的累积性矛盾将成为激活与创生教师实践性知识的跳板。

从上面的分析中,我们可以看到教师的课堂教学所面临的矛盾之处,例如,如何因材施教、如何形成与学科知识相应的教学方法、如何顺利完成教学任务等等。我们可以将其简要总结为,固定的课堂时间与优质高效的教学要求之间的矛盾,以及较大的班级规模与关注学生个体的矛盾。这两个矛盾是所有教师在课堂教学中都需要解决的,前者往往是现实的课堂教学条件,后者则是学校或教育管理部门的政策期待。以上罗列的多重对立,是内嵌于稀松平常的课堂教学情境,并具有深厚的历史累积因素的"矛盾",它们将成为促使教师在工作环境中进行专业学习并最终生成实践性知识的关键。教师正是在有限的教学时间以及逼仄的课堂空间之中,创生着自己的实践性知识,不断开辟着教与学的可能性,并指导着课堂教学的不断延展的。

（二）红旗小学的课堂教学

美国社会心理学家斯克莱伯纳（Scribner，1997）总结了维果茨基关于历史分析的多个层次。如果说前文呈现了课堂教学情境的宏观历史，那么接下来我们就需要进入个体所处的组织内部，探讨本章案例学校及其教师面临的课堂教学的历史与现实。

1. 学校的政策要求

当夸美纽斯提出班级教学的概念时，固定的课堂时间与优质高效的教学结果之间的矛盾就已经萌芽了。特别是在工业化大生产的时代背景下，管理主义以及"效率"本身就很难两全。以案例学校为例，在2013年我刚进驻红旗小学时，学校组织层面就面临着一个突出的政策问题，该问题直接指向了课堂教学的变革。而这里的课堂教学，与其说是有待变革，不如说是遭遇了教育政策的冲击。

在与红旗小学校长的访谈中，校长谈到了学校正处在"减负"政策的风口浪尖。而正是"减负"的改革政策，让学校和教师对课堂教学的效率有了更高的追求。红旗小学的校长说：

为减轻过重的课业负担，进一步加大"减负"力度，全面实施素质教育，北京市委教育工委经过讨论，对减轻中小学生过重课业负担提出了八项要求。其中具体规定：小学生在校时间不得超过6个小时；小学一至二年级不布置家庭作业；三至六年级语文、数学和英语可适量布置家庭作业，三至四年级每天作业总量不得超过30分钟，五至六年级每天作业总量不得超过1个小时；小学除语文、数学、英语每学期期末可以举行一次全校或全年级学科考试外，其他课程不得组织考试；等等。

我们学校对此次的"减负"做了一些尝试。比如，对现有各学科作业进行了严格的监控，取消单元检测和期中考试，每天早晨八点之前不进行任何教育教学活动，并调整学习作息时间以保证学生每天 1 个小时的体育锻炼。我们的学生兴高采烈，高呼"'减负'万岁"。但是，作为教育活动承担者的教师们和家长们，心中不免一阵纠结。

据我校一线教师的反映，这次突如其来的"减负"让人觉得压力骤增，如何实施"减负增效"的课堂教学成为教师心中的疑问。有些家长也心存疑虑，担心这次"减负"跟以前一样只走形式。近几年来为学生"减负"的呼声一直一浪高过一浪，声势巨大，但是实际上收效甚微。

（2013-03-18，校长访谈）

"减负"是当前我国基础教育政策话语中的热点，也是课堂教学历史性累积下来的矛盾之政策表现。然而，"减负"与"增效"本身是一对矛盾的目标。因此，才有了校长在访谈中所表现出的"心中不免一阵纠结"，也导致家长们"心存疑虑"。其结果是，这样的矛盾，以教师的课堂教学为阵地，以教师高效的教学为理想解决方式。这无疑对教师的教学提出了更高的要求。红旗小学 2012—2013 年的一份区级校长委托课题的申报书中提到：

"减负增效"，提高课堂实效性是关键。我们将在语文、数学以及相关学科领域进行提高课堂实效性的研究。研究的切入点有"学习策略指导研究""利用错误资源研究"等几个方面。其主要目的是促进学生作为个体在认知上的成长。

（2013-04-01，实物）

课堂教学实践中的大班额、固定时间、固定的教学工作量与高质量的教学，是班级教学历史发展中累积的内在矛盾。在红旗小学所处的市级、区级政策环境之下，"减负增效"一方面似乎是解决班级教学矛盾与问题的方案，另一方面却恰恰集中反映了课堂教学的矛盾，也将这样的历史矛盾压在了教师的身上。那么，一位普通的一线教师在面临这样的历史矛盾以及政策要求时该如何平衡？或许大多数教师并没有意识到这样的结构性矛盾，但是他们的日常教育教学实践却在缄默的行动中化解着这样的矛盾，体现着他们的实践性知识。

2. 林南的课堂教学

让我们从一般化的课堂教学情境走进红旗小学林南老师的课堂，了解林南对课堂教学最朴素的理解：

> 大多数人在自己的学生时代，估计都会有这样的体验：有的教师"会上课"，有的教师则"不会上课"。其实"会"与"不会"之间，似乎没有严格的标准来做出界定。但是，我们对于一些基本的特质似乎能够形成"共识"，例如："会上课"的教师讲课旁征博引、逻辑清晰、点到为止、极具启发性，甚至还能和学生称兄道弟，课堂气氛很活跃；"不会上课"的教师则无法厘清教学的重点、难点、关键点，无法进行课堂管理，甚至把学生越讲越糊涂。
>
> （2013-03-27，访谈）

从学生的角度来看，上面所涉及的话题充其量也就是课后的"谈资"。但是，倘若将其放到教师和教育研究者的眼里，它却已经构成了一个长期存在而又棘手的"问题"。"会教"与"不会教"之间，最直接的评判标准就是个人的学习收获，换句话说，就是教师所传授的知识能否让学生更易于接受和吸收，因为教学的根本问题是外部知识如何被学生获得、占有并转化成为学生个体的内在力量和精神财富（郭华，2016），而这背后的重要因素就是教师在课堂教学情境中的实践性知识是否充分、是否适切。因此，这回应了我们在本章引言中的论断——课堂教学是体现教师实践性知识的重要情境之一。而"会教"与"不会教"的关键，取决于如何处理课堂教学，特别是班级教学情境中长久存在的矛盾。如果"会教"，则能够游刃有余地化解课堂教学中的矛盾，应对"减负增效"的政策要求；如果"不会教"，则会事倍功半，既不能减轻学生的学业负担，也无法增加学生的学习收效。足以见得，这其中教师的实践性知识起着重要的作用。

（三）课堂教学中的实践性知识

如上所述，教师的课堂教学情境独具价值，那么它对于教师的实践性知识而言，又有什么特殊性呢？为什么教师的实践性知识与课堂的关系如此密切呢？教师的实践性知识为什么能够在课堂教学情境中得到发展呢？我们需要进一步逼近研究主题。

北京大学陈向明教授对教师实践性知识举出了一个典型的案例：

一些优秀的老教师提到，一堂好课有"课眼"，类似气象学中的"风眼"、文章思想的核心"文眼"、诗外的意境"诗眼"、围棋中活棋的根本规则"做眼"、意识与穿透的力量"眉宇间的第三只眼"、赋予生命力的"画龙点睛"等。"眼"赋予事物完整的意义和生命，具有集合要素能量、促进事物质变的特征。"课眼"便是一节课的灵魂。

…………

课眼有实际资料作为载体，紧密结合课堂学习内容，但是有了意在言外的升华，涉及方法、过程、态度和情感等深层面的因素，有如在狂风暴雨时顿然进入风眼那一瞬间阳光明媚的高峰体验。这种感受扎根在学生的意识深处，所以能让他们经久不忘。（陈向明 等，2011：73-74）

教师在具体的教学环境中，在具体的学科内容之下，将自己对具体知识点的理解用一种个人化的、情感化的、身体化的形式呈现出来，这就是教师实践性知识最集中的体现。由此，我们可以看出课堂教学的情境有四个重要的特点与教师实践性知识的本质（情境性、独特性、缄默性、复杂性等）密切相关：（1）多元性（multi-dimensionality），即多种不同的任务和事件在课堂里同时发生；（2）即时性（immediacy），即上课进度较快，教师必须在许多事情发生之时即刻做出反应；（3）难以预料的公共课堂气氛（unpredictable and public classroom climate），即课堂里的事情通常不会按期望发生；（4）历时性（historicity），即在学年起始阶段发生的事情，有时会影响到该学年其余时间里的课堂作用方式（王鉴，2003）。

正是因为课堂教学的复杂性、不确定性，教师才应当具有相当程度的临场能力。此外，教师对学生的认识和了解程度，也决定了教学效果的优或劣。这些都需要教师在课堂教学情境中不断调用自己的实践性知识并在实践中对其进行检验和更新。

二、课堂教学中教师实践性知识的生成机制

（一）文化–历史活动理论视角下的分析

在课堂环境中，最重要的主体就是教师与学生：教师讲授知识，引导学生形成自己对学科知识的理解；学生则在已有的知识经验基础之上将新的知识内容整合入已有的认知图式中，或者发展出新的认知图式。

在这个过程中，教师不应简单地对教材知识进行"搬运"，而应在教育学、心理学的基础理论指导下对学科内容进行个性化的处理和加工，这样做的目的是让生硬的知识或者原理变得更易接受、更易学习、更易理解。而这种对教学内容创造性地加工和改造，并在课堂教学环境中将其真正实施出来的行为，就能体现出教师的实践性知识。在课堂教学情境中，教师是在与学生互动的基础上"做出"实践性知识的。基于学生的不断的"接受–反馈"过程，教师不断地观察学生临场的表现，从而做出如何开展下一教学环节的决策。这可以看作在

课堂教学情境中，对教师实践性知识运作的最粗略描述。

1. 典型情境的选取

为了更好地理解教师在课堂教学情境中的实践性知识，本章选取两个三年级数学教学单元的案例进行深度分析。一方面，我将深度挖掘教学案例中教师与学生之间的互动，并尝试"看到"教师在处理教学临场问题时的思考与行动。另一方面，我将在下一个部分展现教师在课堂教学情境下生成实践性知识的结果。

本章呈现的案例是小学三年级下学期的数学课程，所使用的教材为北京师范大学出版社出版的教材，主题一为"面积教学单元"，教学内容涉及"什么是面积"和"面积单位"；主题二为"分数教学单元"，教学内容涉及"初步认识分数"和"分数加减法"两个教学子单元。

我对红旗小学林南老师的授课进行了为期 4 个月的密集观察，其中包括课堂观察、课后访谈、收集教师的教案和部分学生的作业等。本章所引用的核心资料如表 3.1 所示。

表 3.1　教师课堂教学情境案例核心资料

序号	资料类型	资料收集时间（年-月-日）	内容
1	观察	2013-03-27	"什么是面积"
2	观察	2013-04-01	"面积单位"
3	观察	2013-04-24	"初步认识分数"
4	观察	2013-05-06	"分数加减法"
5	访谈	2013-03-27	"面积"课后评述
6	访谈	2013-04-01	非正式交谈：关于教学的理解
7	访谈	2013-04-08	按提纲规范式的全程访谈
8	访谈	2013-04-24	"分数"课后评述
9	访谈	2013-04-28	与三年级组教师讨论"减负"问题

序号	资料类型	资料收集时间 （年-月-日）	内容
10	实物	2013-03-30	关于红旗小学的介绍文本一组，5篇
11	实物	2013-03-27	"什么是面积"的教学设计文本
12	实物	2013-04-24	"初步认识分数"的教学设计文本
13	实物	2014-01-01	林南关于教学的叙事文本一则

2. 分析框架的搭建

为了更好地呈现课堂教学情境中教师与学生的互动状态，我受威尔斯（Wells，2002）的启发，将恩格斯托姆的两个独立的活动系统整合为一个内部嵌套系统，并绘制了嵌套系统图（见图3.1），它既符合前述分析的师生互动状态，也是图1.3的第一个变体。威尔斯的研究主要在文化-历史活动理论的视角之下，针对教师和学生之间的教学互动展开，因此，援引他的研究框架探讨课堂教学情境中教师实践性知识的生成问题更加具有适切性。

从图3.1可以看出，教师和学生在课堂教学情境中各自拥有自己的知识系统，双方面对共享的客体，在教师与学生构成的共同体内部不断互动和协商，然后形成了自己对教学新的理解。在嵌套系统图中，不同的子系统在整个系统内部扮演着不同的角色，对于教师和学生之间的意义协商也起着不同的作用。为了更加清楚地呈现不同的子系统在中介条件之下的运作机制，我将图3.1中重要的节点都用英文大写字母标注了出来，由此就可以抽出具体的子系统并看到它们的运作机制。

其中有几个重要的子系统需要提前介绍：

- 教师子系统：三角形 ACE；
- 学生子系统：三角形 GCE；
- 教师问题解决子系统：三角形 BAI；

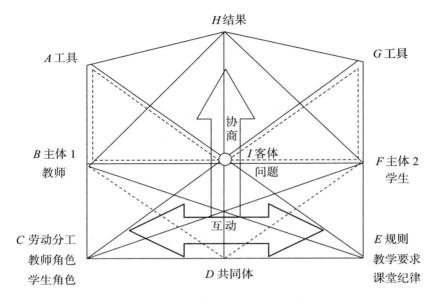

图 3.1　教师实践性知识的嵌套式生成机制

- 学生问题解决子系统：三角形 *FGI*；
- 实践性知识生成子系统：三角形 *HBF*。

需要特别指出的是，图 3.1 只是一个理想状态下的"课堂教学师生互动图"。所谓理想状态，指它是为了以图示化的方式尽量简洁地呈现而创设的，同时它也是真实情境的再现。一方面，现实的课堂教学情况并不如图 3.1 所示的那么平稳，由于课堂环境内部存在微观政治的权力倾斜，因此，图 3.1 在真实的教育环境中也会出现倾斜。另一方面，在具体的教学情境之下，不同的子系统所占据的能量大小也不同，这也会导致图形在不同侧面的倾斜。下面，我将结合具体的课堂教学实录片段以及教师的访谈来深度剖析该系统的运作过程，并在不同的情境之下，抽出重点子系统，具体分析子系统中紧张的互动关系以及意义协商的状态，将纷繁复杂的大图拆分成具体可见的小图，并辅之以案例学校和案例教师真实的课堂教学情境来说明问题。

（二）教师子系统：能动性的努力

在三角形 ACE 中，教师子系统内部的要素包括作为主体的教师（B）、有待解决的作为客体的问题（I）、教师解决问题所采用的工具（A），也包括与学生子系统共享的部分要素——明确劳动分工的师生角色定位（C）、处于课堂情境中的师生共同体（D），以及对于教师和学生各自不同角色的规则（E）。对教师子系统，我将主要考察教师在生成实践性知识的过程中有哪些能动性的努力。

在教师子系统中，A、C、E 三个点都起到了"中介"的作用。例如，工具（A）是教师用于解决具体问题的中介（B–A–I）；劳动分工（C）是教师处理与学生之间关系的中介（B–C–D）；规则（E）是师生共同体共同解决具体问题的中介（D–E–I）。下面，我将对这三个由"中介"引出的更加微小的系统进行分析，并尝试提炼出每一个系统中教师实践性知识的运作机制。

1. 教师问题解决子系统（三角形 BAI）

在教师问题解决子系统中，教师作为主体，面对的问题是"如何让学生充分理解新授知识的重点、难点与关键点"。此时，教师对知识的讲授绝不仅仅是概念或者运算法则的重复，而应是对知识内容更加具有创造性的解读，以贴近学生的能力基础。因此，在这个子系统中，教师需要对教材的知识内容进行重构，借助相应的工具来辅助自己的教学，这个过程就是教师实践性知识生成的微观机制之一。如下片段是林南在"初步认识分数"这节课中最初的导入环节。

林南：同学们，今天老师手里拿了一张彩纸，如果我有四张这样的彩纸，要平均分给两个人，我该怎么分？

学生1：每人分两张。

林南：哦。能用一个算式来表达吗？

学生2：4÷2＝2。

林南：非常好！四除以二等于二（板书），单位名称？

学生：（齐）张。

林南：为什么要用除法做啊？

学生3：因为除法是"平均分"，这样分比较公平。

…………

林南：好。那现在只有一张彩纸了，我还想平均分给两名同学，每名同学得到多少？请同学们发挥想象，大胆创造，可以发明一种符号，也可以画图，表示每个人得到多少。

（2013-04-24，观察）

在对"分数"的理解上，教材强调了"平均分"的概念，因为只有认识到"平均分"，才能理解分母和分子的含义。但是，在课堂教学环境中该如何帮助学生理解平均分呢？这就是教师在课堂教学过程中遇到的"问题"，即客体 I。在上述片段中，教师作为主体解决问题的途径是借助"工具"。这里的工具是非常复杂的，仅仅从上述片段中我们就能分析出四种典型的中介工具：（1）教具，一张彩纸；（2）先前认知，除法的概念和运算原理；（3）符号，先是用了除号，然后请学生自己创造符号；（4）语言，整个思维过程借助对话来展开。

林老师在不到一分钟的时间内完成了上述教学环节，用简单易懂的活动引出了分数中的重要概念"平均分"，达到了教学效果。由此可见，教师解决教学问题是通过借助人工造物（artifact）的中介作用得以实现的，教师对于"分数"和"平均分"两个抽象的数学概念的理解，被放置在诸如一张彩纸、一套生活化的语言等工具中。在维果茨基学派看来，人的各种高级心理机能，就像人的实践活动一样，是以社会文化的产物——符号——为中介的。人借助于符号，特别是语词系统的中介，从根本上改变着一切心理活动，从而形成了人类特有的、被中介的心理机能（王光荣，2009：108）。在这四种中介工具里，"先前认知"和"符号"较为特殊，因为它们之中有了学生参与的成分，因此，它们也就不只是教师帮助自己教学的工具了，还是学生帮助自己理解的工具，这就为后续师生双系统的协商与互动埋下了伏笔。

2. 权力分配子系统（三角形 BCD）

权力分配子系统涉及教师在师生共同体中如何处理自己角色定位的问题。这里的"权力"，指的是微观人际互动产生的力量结构。我通过观察发现，案例教师在知识教学的不同环节对学生的思维发展有不同的要求，随之会采用不同的教学策略，即教师主导或学生主导，并由此产生不同的权力分配结构。

例如，在同一堂课不同的教学环节，林老师在处理与学生之间的关系问题上会呈现出截然不同的态度。在回顾旧知时，教师以更多的"掌控"来展开教学，例如教师会抛出一个精心设计的问题，基于学生原有的知识，建立可能的突破空间；在讲授新知时，教师则会把主动权还给学生，更加偏向于探究式的教学，以"放松"的方式来引导学生、发掘学生的潜力。对师生权力结构的灵活调整，源于林老师对教师角色的深度认知。林老师表示：

在课堂教学环境中，不能完全把空间给学生，教师更不是一个可有可无的角色。

（2013-04-24，访谈）

此观点与维果茨基对教学优先性的认识有异曲同工之妙。在教师问题解决子系统中，教师在新知识导入环节占据了权力的主动部分，教师需要建立引导性关系，将学生已有的知识经验与新知识连接起来，而这样的工作是学生很难独立完成的。教师的引导，目的是为学生找到最近发展区（the zone of proximal development，ZPD）（Vygotsky，1978），即学生独立解决问题的水平和在教师帮助之下所能达到的问题解决水平之间的距离。在授课环节，教师让学生通过自主探究来理解平均分的概念，在这一过程中教师并没有完全"放手"，而是密切关注了学生已有的能力基础。这种适度的"放手"与"搭桥"，体现了教师在具体情境下的实践性知识，而正是对师生关系和角色定位的感知促成了教师实践性知识的生成。

3. 行动规范子系统（三角形 DEI）

行动规范子系统关系到教师和学生在共同体内部所遵守的规则，其中包括言明的行为规则，如教师的课堂纪律管理要求；也包括非言明的行为规则，如师生之间在具体教学节点上的缄默意会。师生共同体就是在这样复杂的行动规范的指引下致力于问题解决的。

林老师课堂上的行动规范，主要涉及教师做什么能够更好地促进学生的学习，学生做什么能够更好地让自己尽快习得新的知识。这里的行动规范既有显性的要求，也有隐性的规则（或者称作在具体的课堂环境中教师与学生之间达成的默契）。

例如，林老师经常抛出一个探究性问题请学生小组讨论。教师在学生中间走动，收集有代表性的回答，并由学生上台展示自己的想法，说出自己对一个新的数学概念的认识。这种"抛问-探究-展示"的流程就成了林老师课堂惯用的教学规则，而学生被要求在这些环节中积极参与讨论与思考。

另一个典型的情境，则更加缄默和隐晦。研究发现，教师与学生在长期的教学互动中形成了对双方语言和意图的了解，当教师提出一种具有特殊言语结构的问题时，学生能够顺着教师的思路到达预定的学习目标。那么，这样一种规范是如何达成的呢？我在课堂观察中发现，教师是通过语音语调、肢体动作来建构这样一套行为规范的。在文化-历史活动理论看来，师生共同体在课堂教学的独特情境中形成了他们共享的"中介物"，正是在课堂教学的实践中教师形成了一套有关引导学生学习的"知识"，这就回应了维果茨基关于"意识与活动统一性的原则"（维果茨基，2016a）。因此，教师实践性知识的调动是基于一套已有的知识系统的。对于像林南这样有经验的教师来说，这套知识系统基于的是自己对学生和教材的理解，以及在与学生互动中形成的双方共同认可的思维习惯。

（三）学生子系统：支援性的契机

1. 学生问题解决子系统（三角形 *FGI*）

学生在课堂教学情境下面临的问题是"如何理解或学会新的知识点"。故而学生主体到问题客体之间的中介就是学生在学习过程中使用的"工具"。下面将要考察的是，学生如何借助工具来解决问题，以及问题解决的过程如何为教师的实践性知识提供支援性的契机。

如下教学片段来自"分数加减法"一课，从这里可以看出学生作为认知主体在理解分数概念上所做的努力。

林南：嗯，（分数加减法的规则是）分母不变，分子相加减。我们先看一道练习题，你看懂了吗？

学生1：它是把两个线段加起来，然后算这两个线段加起来一共是这个大的线段的几分之几。

林南：大的线段就是这个最长的线段，是吧？谁先来解释一下这个3/10是什么意思？

学生2：（到黑板上指出来）从这儿到这儿就是3/10。

林南：你们同意吗？

学生：（部分）同意。

林南：3/10究竟表示什么意思呀？有的同学还说"同意"？

学生3：把一条线段平均分成10份，取其中的3份就叫3/10。

林南：这3份和这个整体的关系是3/10，这3份是整条线段的3/10。（教师边说边用手在黑板上来回比画）现在再回想他说的话，合适吗？谁认为合适？

学生 4：3/10 就是表示把这个线段平均分成 10 份，取其中的 3 份。

林南：好。4/10 是什么意思？

学生 1：把这个线段平均分成 10 份，取其中的 4 份。

林南：我们看一看，每一条被平均分了的线段总共有多少份呀？

学生：（齐）10 份。

林南：那么 3/10 里面包含了几份？

学生：（齐）3 份。

林南：那也就是说，这一份代表……

学生：（齐）1/10。

林南：那 3 份就是？

学生：（齐）3/10。

林南：那 4/10 有几个 1/10？

学生：（齐）4 个。

（2013-05-06，观察）

　　该教学环节的核心是帮助学生理解 3/10 所表示的意义，实质上学生需要表达出分子和分母之间的关系。为了促成理解，学生所使用的工具是"线段图"。线段图在数学教学中是一种常见的认知工具，它能够帮助学生看到整体与部分之间的关系。学生 2 用身体语言"比画"出了 3/10 在整个线段上的距离，但是没有用数学语言表达出来。此时，教师的实践性知识就生成了。林老师连用了三个追问式的语言结构——"你们同意吗？""3/10 究竟表示什么意思呀？""有的同学还说'同意'？"此时，学生的问题解决工具就从"线段图"转移到了"教师的言语"。这种句式暗示学生 2 的解释不完善，学生需要重新思考。在教师的追问之下，学生 3 重新回答："把一条线段平均分成 10

份，取其中的 3 份就叫 3/10。"在此基础上，林老师重复了学生 3 的解读，并用身体化的方式用手在黑板上来回比画，重新利用了线段图作为认知工具的直观特性。稍作停顿之后，林老师用变式练习的方法请学生思考 4/10 的意义。至此，完成了对分数概念的解读练习。

通过分析上述教学片段，我们能够看到学生作为认知主体在教学过程中帮助自己理解分数概念的努力。人类有两种认知工具，一种是物质工具，一种是精神工具（斯米尔诺夫，1984）。维果茨基也明确指出，工具（tool）和符号（sign）都是人类认知发展活动的重要中介（Vygotsky，1978）。学生所使用的主要工具包括：（1）实物——线段图；（2）言语——教师的追问，同伴的回应；（3）身体化言语——比画。对比上节教师所采用的中介工具，可以发现师生在实物工具、言语工具上发生了互动，正是这些共同的工具成为教师系统与学生系统协商并生成实践性知识的基础。

2. 权力分配子系统（三角形 *DCI*）

如前所述，权力分配涉及教师与学生在教学情境下的角色定位与相互之间的权力关系。从学生的视角出发，权力关系集中体现于教学活动中的"突发事件"上，因为那些未经设计的教学活动才最能体现本真的教与学的行为（Yamazumi，2007）。

林南：3/4 减 3/4 是多少？

学生 1：3/4−3/4＝0。

林南：什么意思？你能说说你的想法吗？

学生 2：（突然有一个同学插话进来）错！

林南：你认为是错的，说说你的理由。

学生 2：我觉得应该是 0/4。

林南：有同学认为是 0，有同学认为是 0/4。你想说什么？

学生 3：这两个都是一样的。

林南：你能说明白吗？给大家解释清楚。

学生 3：因为它们两个代表的都是一个数。

林南：为什么都代表一个数？

学生 3：把一个物体平均分成 4 份，一份都不取，那不就是 0 吗？

林南：还有谁想说？

学生 4：你一份都没取，你取走的就是 0。

林南：好。用一个物体来说一说。比如说，一块大蛋糕。我把它平均分成 4 份，我看着这其中的 3 份挺好的，但是这 3 份我们都不吃，那么最后呢，这个蛋糕还放在那里，吃到你肚子里的是 0 份。

学生 5：老师，我觉得用 0/4 这样表示就没意思了，直接用 0 就可以了。

林南：好。谁再来说一说？谁能画出一个图，让大家看得更清楚？老师把这个舞台交给你！

学生 6：（边画边说）把一个圆平均分成 4 份，我先取其中的 3 份，然后我再去掉刚才取的 3 份，最后我其实一份都没取，就是 0。所以，我们在这个中间是可以用一个等于号连接的，也就是 0/4＝0。

(2013-05-06，观察)

该片段发生时距离下课还有 5 分钟，按照林老师原定的教案设计，应该在这个时候做全课的总结。但是，教师并没有着急结束教学，也没有立即对学生提出的问题做出判断，反而将探究的空间还给了学生。在最后的 5 分钟内，教师充分利用了学生的资源，创生了新的"课程"。通过这一段教学实录，我们看到了学生不同观点的出现，教师在这里并没有压制学生的意见，反而给予了学生充分的反思空间，并抓住了这个知识生成的关键点，体现了教师的教学机智。在上述片段中，我们不仅可以看到学生之间的同伴互动，还可以看到，学生顺利将抽象的数学符号过渡到具象的物体，并采用数形结合的方法帮助理解，大大拓展了原定的教学设计。林老师对学生的尊重、对课堂的尊重就是她多年来积累下的实践性知识。在我与林南的一次访谈中，有如下对话：

> 研究者：您认为，关于教学工作，有什么比较合适的"隐喻"？
>
> 林南：首先，将老师作为"蜡烛"的隐喻并不合适。他不是在纯粹地燃烧自己，而是在经历一个共同发展的过程，大家都在共同成长。我觉得应该是"森林"，老师和学生接受阳光雨露一起长，我只是比他们长得早几年。你真不能小看孩子，他们都是带着自己的理解来的。学校就是一片大森林，老师和学生一起在长。
>
> （2013-04-24，访谈）

林老师始终坚持，学生的理解对于教师的教学非常重要。正是学生参与学习的主体性和运用多种工具解决问题的过程，为教师实践性知识的生成提供了支援。

3. 行动规范子系统（三角形 FED）

在林老师的课堂上，学生的行动规范主要体现在两个方面，其一是针对一般学习习惯的规范，其二是针对具体的数学学科的规范。

首先，对于小学教师来说，非常重要的一项工作是帮助学生养成良好的学习习惯，这也是学生在学习过程中面临的普遍问题。在林老师的课堂上，教师特别强调学生学习习惯的养成，如坐正、回答问题声音洪亮、学具盒放在桌面右上角等等。这些很细微的要求能够帮助学生养成好的学习习惯，提高课堂效率。

其次，对于具体的数学学科来说，林老师经常对学生说："把话说清楚，说完整。"在这个过程中林老师一边提示，一边用规范的"数学语言"来帮助学生补全问题，从而营造了一个严谨的数学小世界。教师实际上是在用学生的话，让学生自己学会表达。由学生自己陈述一遍数学原理，是一种重要的教学策略。从维果茨基学派的角度看，这是帮助学生从日常概念向科学概念进阶的过程（维果茨基，2016b：451-472）。

学生学习规范的背后，体现了教师如何处理教与学之间张力的问题。教学活动在林南的课堂上体现为一门"扶放有度"的艺术，至于何为"扶放"以及何时"扶放"，正是体现教师实践性知识的地方。

（四）实践性知识生成子系统：双方的碰撞与协商

1. 两个问题解决子系统的互动

在两个问题解决子系统的互动之下，教师和学生都达到了对"分数"这一教学单元更深刻的认识。对于教师而言，林老师更加明确了分数概念中最核心的部分是什么，例如"平均分""整体"等重要概念。对于学生而言，在理解了"平均分"的概念后，他们就能够理解分数加减法的运算规则。

两个问题解决子系统在教师实践性知识生成的过程中起到了最核心的作用。在图 3.1 的三角形 HBF 中，教师与学生共同作为主体，指向目标客体 I，他们借助工具的帮助，达到了各自的目标，即完成课堂教学与实现知识理解。同时，在这个过程中，教师不仅完成了教学任务，而且经过对课堂教学活动的"行动中反映"，通过与学生的互动收获了意外之得，即教师的实践性知识，其中包括教师对学科知识、教学、学生和自我的理解。在本案例中，表现为教师对于教具的认识、关于师生关系的认识、对学生先前经验的认识，以及面对课堂教学突发情况的机智应对，等等——这些都是教师在与学生互动中生成的实践性知识，它们帮助教师不断重构自己的教学活动。

但是，在课堂教学情境下，教师实践性知识的生成并非两个子系统简单的交叠，最关键的是，双方应该有共同的目标和问题客体。师生只有拥有共同的目标、愿景，才能形成师生共同体。也正是因为处在解决同样问题的过程中，教师和学生才会出现思维与行动上的重叠——教师能够理解学生的学习基础，用学生听得懂的话语方式来解读知识点；学生也能够尝试跟上教师的脚步，理解教师各种言明或缄默的规则，努力将新的知识点整合入自己的认知图式中或者发展出新的认知图式。

在具有共同的目标或问题的基础上，我们发现教师与学生所使用的问题解决工具也有共享性，例如共同使用教具（彩纸、线段图等），共同分享一套话语体系（数学学科的规范用语），共同采用身体化的方式表达思想（比画线段图），等等。工具，作为一个人工造物，以物化的形式承载了教师与学生的认知行为，而教师与学生对于"分数"的理解，就蕴藏在这些人工造物上，由此形成了特定的符号表达。

而教师的实践性知识，则是教师与学生活动系统共同互动、协商的产物。由于教师的实践性知识往往不能言明，只能观察，因此在本案例中，我们看到了"中介"在教师实践性知识生成中的重要作用，不论是工具还是符号，都作为一种文化的载体反映着教师的实践性知识。因此，教师的实践性知识也蕴藏在那些工具之中。而如何充分开发、利用教学中介工具，就成为未来发展教师实践性知识的重要论题。

2. 以共同体、劳动分工和规则作为基础

在图 3.1 的三角形 HBF 中，除了两个最核心的问题解决子系统发生交互之外，其下还有一个更大的资源支持系统，即教师和学生组成的共同体以及共同体内部的劳动分工和规则。

共同体是由多个教师与多个学生构成且成员之间有着相同目标的群体，教师与学生具有共同的理念和价值观，愿意相互投入并享有相似的经验库，他们相互协作，共同探究与分享，不断改进教与学的实践，共同致力于促进自身专业成长与学生学习的事业。"规则"调节着活动系统内部的行动以及各种交往互动关系，它包括显明的规则与隐性的规则。"劳动分工"则指共同体成员之间横向的任务分配以及纵向的权力和地位分配。活动系统在这些要素之间两两互动，组成了纵横交错的关系网络。

其中，"劳动分工"主要指的是教师与学生的角色定位以及相互之间的权力关系。从教师子系统中，我们可以看出权力关系倾向教师主体一侧；而从学生子系统中，我们发现权力关系倾向学生主体一侧。权力的两次倾斜，主要取决于两个方面，一个是话语权力本身，另一个则是教学的具体环节设计。讲授与探究在课堂教学环节中同样重要，当以教师讲授为主时，权力关系左倾；当以学生探究为主时，权力关系右倾。在林老师的课堂教学案例中，教师的讲授与学生的探究是交错的。当教师引入新知时，权力关系左倾；当学生进行发现探究时，权力关系右倾；在练习环节学生出现知识点遗漏时，权力关系再次左倾；学生奇思妙想提出新的观点时，权力关系再次右倾。就是在这样的反复的左右协调中，教师与学生协商着相互之间的权力关系，甚至相互妥协自己对知识的先前认知，并参与到双系统的互动中。

此外，"规则"在本案例中体现为教师与学生之间的行动规范，即在课堂环境中应如何思考、如何行事。上文我们分别分析了教师与学生两个子系统中的行为规范，包括教师子系统中言明的和非言明的规则，以及学生子系统中关于习得元认知和具体学科知识的规则。当教师子系统与学生子系统发生碰撞时，双方的规则就会融合在一起。例如，学生关于养成良好的学习习惯的规则大多是教师通过言明的方式加以提醒的，而学生以数学的学科化语言进行思维和表达，则是教师用非言明的方式引导的，例如教师的追问反刍、语音语调的变化等。

综上所述，教师与学生在课堂教学的情境下组成了教与学的共同体，在同样的教学条件下，他们面对各自的客体展开探究，双方带着独有的知识经验和先前认知，来到课堂环境中，最终达成了共同的教与学的目标。通过碰撞与协商，形成了共同分享的行为规则与劳动分工，从最初的言明逐渐变得缄默和意会，双方在权力关系上不断地相互让渡、相互妥协，最终生成了新的结果（H）作为教师的实践性知识。教师在这个过程中，不仅实现了教学的目标，也在与学生的互动中更加深刻地理解了学生，并生成了自己关于教学、关于学生、关于学科课程的全新知识系统。

三、教师实践性知识的生成结果

本章探讨了教师在课堂教学的情境下实践性知识的生成机制——嵌套式生成，教师在与学生相互之间的实践活动中形成了自己的实践性知识。主体在社会活动中，借助一定的中介工具，不断对自己的行为进行调节和控制，体现了实践性知识作为一种高级心理机能的社会历史起源说。

林南认为，教师的实践性知识很难表达，因为这是在教了多年课之后形成的一种东西，无法用语言来描绘。可见，这里的"知识"概念，已经超越了客观主义认识论的知识概念。客观主义认识论认为，"知识"的三大特点是信念、真与证实（胡军，2006：52）。它从知识的生产过程和生产结果来界定知识，揭示了知识作为人类认识成果的普遍本质——客观性、确定性、真理性。这种哲学的致思方式就是在主观性中寻求它的最终根源（胡塞尔，1988：97）。而身心二元论的教条将人的生命置于两个并行的历史空间之中，局限了我们对知识范畴的认识（赖尔，1992）。为了打破这一客观性的局限，凸显教师实践性知识的内涵，本节将由动转静，将讨论落实到教师实践性知识的两种主要的表征样态——"言述型实践性知识"和"非言述型实践性知识"上，将其作为教师在课堂教学情境下生成实践性知识的结果，每一种表征样态之下又有若干具体的形态。

（一）言述型实践性知识

"言述"即主要通过口头语言来表征教师自己的实践性知识。具体包括直接言述、引导性言述和拟声化三种形式。

1. 直接言述

直接言述，顾名思义就是直接用话语的方式呈现教师对教学内容的个性化解读。典型的形式为，教师在课堂教学中直接说出自己对某个概念的理解。

在"初步认识分数"这节课中，林南向学生提出了一个问题："为什么将一张纸平均分成 4 份，每份就可以表示这张纸的 1/4？"这个问题的关键在于把握"平均分"的概念。但是，初次接触"分数"概念的三年级学生却在这个问题上迷惑不解。为了帮助学生理解，就有了下面这段对话——

林南：我们刚才在折的时候都是把这同样大小的正方形纸平均分成了 4 份，无论怎么做，都是平均分成了 4 份，所以不论形状怎么样，都是取 4 份中的 1 份，因此都能够表示这张纸的 1/4。现在明白了吗？

学生：明白了。

林南：好的，其余的部分占这张纸的多少？你能用一个分数来表示吗？

学生：3/4。

林南：对了。都是把这张纸平均分成 4 份，涂色的部分表示这张纸的 1/4，没涂色的部分就表示这张纸的 3/4。

(2013-04-24，观察)

林南用直接言述的方式，强调了"同一张纸"和"平均分"这两个理解分数的核心概念，将教科书上的"分数"概念转化成了自己解读的"分数"概念，并充分结合了"一张纸"的情境帮助学生习得新知。

这种直接言述的形式在林南的课堂教学中很常见，其实就是换了一种说法，对教学知识进行"包装"。教师生成实践性知识的目的，就是让学生能够更容易、更深刻地理解学科知识。这种直接言述的表征形式也是在大多数教师身上都能看到的。

2. 引导性言述

与直接言述不同，在引导性言述中，教师并没有通过自己对知识的加工将其直接传达出来，而是带动学生用探究和发现的方式学习新知。在引导性的话语中暗含了教师的实践性知识。

在"什么是面积"这堂课中，林南设计了"比较面积大小"的环节，帮助学生认识面积的概念。在这段教师与学生的对话中，我们能够看到，林南在试图通过一种"句型"引导学生"填空"——

林南：谁能找出比数学书表面大的东西啊？

学生1：《小状元》练习册。

林南：好，把这句话说完整。

学生1：《小状元》封面的大小比数学书大。

林南：比数学书的哪儿大？

学生1：呃……

林南：没关系，慢一点，别着急。《小状元》封面的……表面的大小比……数学书封面表面的大小要……大。

（学生此时跟随着教师的引导进行"话语填空"。）

林南：这些都说明了什么呀？

（学生沉默，不知如何回答。）

林南：（教师再次引导）物体的表面有的……有的……？

学生：（齐）有大有小！

林南：非常好！物体的表面"有大有小"（板书）。好了，那我们刚才说的数学书，它的封面的大小就是它的"面积"。

（2013-03-27，观察）

林南在她的课堂中，经常会让学生先听一些完整规范的数学表达，然后在教师的帮助下"完形填空"，最后脱离教师的帮助自己独立完成表述。教师通过将一段完整的概念陈述抹去部分，让学生在探索中习得知识。这种"补全策略"的实践性知识在一般教学中非常常见。

此外，在课堂观察中我还发现，教师"故意"设疑问难也是引导性言述的一种表现形式。故意设难和追问的目的是推动学生思考，挖掘深入的原理，或者比较相似事物的异同。下面是"初步认识分数"课堂片段实录——

林南：同学们，今天老师手里拿了一张彩纸，如果我有四张这样的彩纸，要平均分给两个人，我该怎么分？

学生 1：每人分两张。

林南：哦。能用一个算式来表达吗？

学生 2：4÷2=2。

林南：非常好！四除以二等于二（板书），单位名称？

学生：（齐）张。

林南：为什么要用除法做啊？

学生 3：因为除法是"平均分"，这样分比较公平。

林南：好！"平均分"就是我们今天学习的"分数"的一个重要特征。

（2013-04-24，观察）

教师的这种不断发问，类似于苏格拉底的"助产术"：通过提问帮助学生走向问题的关键点。而教师设计的每一个问题，实质上就是其实践性知识的最佳表现。因此，我们可以认为，教师的实践性知识不仅是以"陈述"的方式呈现的，还可以通过"疑问"的方式呈现。在某些情况下，后者对于学生学习的效果可能会更好。

此外，这种引导性言述往往基于学生对学科思想方法和统领性观念的理解。学科思想方法指的就是学科具体的思想方法和思维模式，如一般化与特殊化、数形结合等。在一次课前口语报告①中，林南说：

> 对于如何理解1/2的意思，我是从两个方面入手的。一个是"平均分"，一个是"标准"。我在另一个班上第二节课的时候，就有同学反映说："老师，您第一节课上课的时候就说我们需要有一个标准。"我觉得这一块功夫做足了，对他后面的理解特别重要。"分数"这里，你要先理解整体是什么样子的，后面就都是用整体思维了，到高年级做分数应用题，整体"1"他们老是找不到。现在就（应该）给他们一个整体的概念，通过他们发言我就发现学生说得还是挺好的。学生脑子里面一想到分数，首先要想到的是平均分，然后要想到的就是谁的几分之几。

> （2014-04-08，访谈）

林南认为，这样一种"整体"的思维方法在基础教育阶段的数学学习中非常重要，它与整个数学课程的教育都有关系。因此，林南的学科思想方法对她的实践性知识的生成也起到了很大作用。作为教师，首先需要具备的是学科相关知识，按照施瓦布（1990：255）的话来说，它包括学科的知识内容和方法结构。教师不仅应该精通所教学科的知识体系，还应知道学科知识是如何被编进课程的，学科课程标准是如何制定的，教学内容选择的标准是什么，教学评价的标准又是什么，等等。这被布鲁纳（1982：36-48）称作"掌握学科基本结构"的能力，有些学者也将其称为"贯通力"（陈向明 等，2011：86）。也就是说，教师能够通晓本学科知识在各个年级之间的内容衔接和联系，掌握各年级教学的重点、难点，了解知识背景，甚至相关知识和其他学科知识之间的联系。这也就是我们在引言中所提到的"会教"的教

---

① "口语报告"是研究者请教师对所授课程进行简单说课的一种方法，目的是了解教师的教学设计。

师可以"信手拈来、旁征博引"的原因，也是教师在教学中能够将内容知识与临场情况联系起来的原因。

3. 拟声化

如果说"言述型"的表征都是通过话语的方式呈现教师实践性知识的，那么还有一种非常重要的表征形式也是言述型的代表。在课堂教学的某些环节中，教师通过有意地模拟学生的语言和语气来呈现对学生认知水平的把握，进而显露自己的实践性知识。我将这种表征方式称为"拟声化"。下面呈现的是教师实践性知识的两个"拟声化"授课片段——

片段一："什么是面积"课堂实录

（此前教师让学生通过测量参照物，比较两张纸片面积的大小。例如使用橡皮、硬币、曲别针等等。）

林南：那我还是想问问同学们，如果我用小的曲别针测量这张纸的面积，用一个大曲别针测量另外一张纸的面积，行不行？

学生：（齐）不行！

林南：为什么？

学生1：因为测量工具的面积必须得一样大！

林南：好。

（2013-03-27，观察）

片段二："初步认识分数"课堂实录

（此前教师让学生通过折纸来认识1/2。）

林南：哎？我发现了一个很奇怪的现象。之前我用这张纸，分出了它的1/2，同学们用自己手中的纸也分出了1/2。都是1/2，怎么大小不一样啊？

学生1：因为本来一张纸的大小就不一样，所以它分出来的1/2肯定就不一样。

林南：那我现在都是把一张纸平均分成了两份，可是大小却不一样，为什么？

学生2：因为它们不是同一个物体的1/2。

林南：说得特别好！所以，我们在表示1/2的时候，不但要说明平均分，还要说明它是谁的1/2，也就是说要找到一个"标准"。

（2013-04-24，观察）

从上面的两个课例片段中，我们可以看出，教师通过模拟学生可能存在的疑惑，以问题的形式引发学生进一步思考，而设置这些问题的背后是教师对于教学内容和学生认知的理解。在一次访谈中，我问过林南这么一个问题："你如何讲述书本上的知识，来保证学生能够听得懂？"林南向我分享了她的一些经验，其中很重要的一条就是，会尽量使用"学生的话"来讲课。林南认为，如果用成人的话语体系，学生自然很难理解。良好的实践性知识会涉及学生的接受度。模拟学生的语言，能够实现教学贴近学生、贴近生活的目的，这正是教师站在学生的立场对教学内容进行加工的表现。维果茨基论述了思维与言语之间的关系，认为二者是不可分割的整体（Vygotsky，1997），当教师模仿学生的语言进行教学的时候，他也在内化学生的思维方式，即站在学生的角度思考问题。

"教学"本是教师与学生相互交往的活动，"教"必然不能忽视"学"。因此，教师在设计和实施教学的时候，必须具备有关"学习"的知识，这也就决定了教师该如何对学科知识进行重构，以达到让学生更容易接受的目的。这里关于学生的知识，具体包括学生的前概念和学生的认知特点两个方面。

首先，学生的前概念指的是学生原有的知识、技能和方法，即奥苏伯尔所谓的"先行组织者"（advanced organizer）（Ausubel，1960）。

林南在课程教学中非常注重对学生原有经验的调动。下面是两个教学片段——

片段一："分数加减法"课堂实录

林南：快坐好。上课，同学们好！

学生：（齐）老师您好！

林南：请坐。想一想，上周五我们学了什么？

学生：（齐）分数加减法。

林南：也就是——同分母分数加减法。那想一想，同分母分数加减法我们怎么计算？

学生1：分母不变，分子加减。

（2013-05-06，观察）

片段二："什么是面积"课堂实录

林南：刚才同学在摸的时候，我听见下面有人在说，他刚才摸的是……

学生：周长。

林南：这个封面的表面是一个长方形，从起点出发又回到终点，他摸的是这本数学书封面的"周长"。后来他又补充了一句，"是这里面的所有的部分"，那我们应该怎么摸更合适？

学生：一行一行地摸，摸完整。

（2013-03-27，观察）

在"初步认识分数"这节课后，我对林南进行了即时的访谈，主要针对她的设计思路进行了追问。林南很明确地表示，自己的教学设计就是为了"把学生头脑中原有的经验调动出来"——

第一个环节就是把除法和分数联系起来。分数和除法的关系是比较密切的。所以一上来，先把一些东西平分，最后引出一张纸怎么平均分。因为这是第一课时，所以要给学生一种感觉。因为这个 1/2 用 0.5、一半、50% 都可以表示，但是更简单、更容易被人看懂的是这个 1/2。然后想把学生头脑中原有的经验调动出来。

（2013-04-24，访谈）

其次，关注学生的认知特点，指的是注意到特定年龄段学生的认知风格、认知逻辑、易犯错误的方式等。林南认为，每个学生都不是空着脑袋走进教室的，他们有着自己的经历、人际关系网络、性格特点、知识背景，也有着他们自己对于"什么是一堂好课"的理解，即使这种理解可能是模糊不清的。在课堂教学的环境中，学生并没有被动地接受知识，在走进课堂之前，他们在自己的生命经历中已经接触了有关数学、语文、历史、地理的知识，如果教师全然不顾学生已有的知识储备和知识状态，那么就很难"站在学生的角度思考问题"。

林南曾在一次访谈中说："学生在进入课堂之前是有一定的知识经验的。我的课堂，就是把孩子错误的经验纠正，把断断续续的经验连成一串，把不成熟的经验引向成熟，把非数学化的进行抽象。"舍恩的"给学生一个理由"（舍恩，2007：54），意即舒尔曼所谓的"了解学生及其特质的知识"（Shulman，1987）。同样的意思，在达克沃斯（2005：4）那里被表述为"精彩观念的诞生"。教师只有更好地理解学生，才能更好地引导学生，其中包括教师对学生的学习动机、学习行为、学习习惯、学习表现、认知逻辑、认知风格等多方面的理解，以及将其统一于自身的实践性知识之中的行动。

（二）非言述型实践性知识

教师的实践性知识不仅可以通过言述的形式表现出来，还可以通过一些非言述的方式呈现。这里面就包括了身体化、操作化、生活化、图示和想象五种类型。

1. 身体化

身体语言不是通过声音或者文字，而是通过肢体动作或者面部表情来传达信息的。教师将自己或者学生的身体作为传递知识的工具和手段，并把它们用在不同的情境中，通过肢体语言来呈现自己对于教学内容的理解，帮助学生理解教学内容，解决新的问题。例如：丈量自己的手臂、击掌等。下面是林南在讲授"什么是面积"这堂课时的开场白——

林南：新学期，有新气象。这个学期老师就发现有好多同学在上课方面进步都特别大！比如说：××，××。那我们向这些同学表示一下庆贺。怎么庆贺呀？我们击个掌吧！来，××，加油啊！（林南与被表扬的学生击掌，大家都很高兴。）同学们，刚才老师和××击掌的时候，你们发现了什么？

学生1：他的手比您的手小。

林南：那具体是哪小啊？

学生2：手掌。（学生边说边展示自己的手掌。）

林南：哦。是手掌的这个表——面。来，××，举起你的手让大家看看。他的这个手掌的"表面"小，老师的这个"表面"大。

（2013-03-27，观察）

教师在讲授新课的时候，以情境引入，鼓励为先。通过身体化的感知，学生直观认识到"面积"其实在我们身边处处存在。而且，在这种将面积概念"身体化"的过程中，教师还嵌入了发现式的教学方法，欲扬先抑。同样在这节课上，教师在讲授面积概念的时候，让学生用自己的手去摸一摸书本的面积、黑板的面积、门的面积等等。教师通过这些"身体化"的感受让学生对抽象的数学概念有了更加深刻的理解。

2. 操作化

数学知识不能仅仅停留在书本上，或者仅仅作为计算题目的公式与法则而存在。林南认为，通过具体操作实物来理解某个概念或者算理，例如折纸、摆小棒、拨珠子等，是对数学知识更好的再造。在一次访谈中，林南提到：

小学阶段还是动手操作多一些的，他（学生）就是需要去操作，而且他的兴趣也就是在这儿。如果单纯地讲、去告诉他，他可能就没有兴趣。而且有些东西是长远的，通过这样去做，他突然有一天就会顿悟了。如果没有这个过程，他可能永远也悟不出来。我觉得，学生这样去做、去动手，将来做分数应用题的时候，回想当时动手操作的环节，出现的问题就会少一些。我刚上班那几年不是很注重动手，孩子后面出现问题了就老得去找补这些原始的东西，所以后来突然间我就明白了，一定要让孩子们动手。探究加减法的时候，小棒一定要让孩子们去摆，然后让他们去认识为什么要进位，然后让他们去用计数器、方块……。随着经验的增多，我对动手操作越来越重视。

（2013-04-08，访谈）

林南始终认为，通过让学生动手操作学具，让学生设计很多图形，像五角星、正五边形等，让他们自己去折、去汇报、去理解其中的意义，他们就能更深刻地体会数学概念产生的过程。当学生遇到联系现实生活的应用题时，他们就能更好地理解题目的意思。下面是林南课堂教学的一个片段，我们可以看到她通过"剪一剪、拼一拼、摆一摆、画一画"的方式，将书本上的数学概念"操作化"了。

林南：好。现在我们就实际操作一下，来比一比这两个图形到底哪个大、哪个小。现在请同学们拿出事先准备好的图形和你所有的学具，想办法比一比。老师这里有一个提示，谁来读一读？

学生：你可以剪一剪、拼一拼、摆一摆、画一画，比较两个图形的大小。在小组内交流自己的想法，看哪个组的方法多。

林南：明白了吗？

学生：（齐）明白了。

林南：好，开始！

（2013-03-27，观察）

对于教学知识的加工，林南借助了"动手操作"的方法。这种将教学内容操作化的过程就体现了教师的实践性知识，也就是经过教学化重构之后的内容知识形态。我曾经在一次访谈中，问过林南一个问题，从这个问题中我们可以看到林南对于"动手操作理解数学概念"的笃信——

研究者：我很好奇，您如何向学生讲解4/4和8/8是相等的？

林南：我们班学生就会直接用运算的方式来推。但是我还是会通过分一张正方形的纸来帮助他们理解。不管分成几份，4份还是8份，只要还是这一张纸，那么它就是一样的。

研究者：所以说还是借助具体的图形帮助他们理解，就是"数形结合"。

林南：对，动手操作，数形结合。

（2013-05-06，访谈）

3. 生活化

如果说操作化的实践性知识仅仅借助了教具的话，那么生活化的实践性知识则将视野扩大到了真实的生活场景中，即从生动真实的生活情境中寻找与抽象的数学概念相关联的内容，如寻找生活中的"面积"。这种将抽象问题具象化的方法，深入浅出地教给了学生新的知识，调动了课堂的氛围。下面的内容是来自"什么是面积"这节课的授课片段。

林南：好。那么，数学书的这个表面和老师手掌的这个表面相比，你又发现了什么？

学生：数学书的面积比老师手掌的面积更大！

林南：哦！数学书封面的这个表面的面积要比老师手掌的面积更大。你说出了——"面积"。在我们的生活中，很多东西的表面都有大有小。那你能找到比数学书封面的面积更大的物体吗？

（学生们在教室内四处张望着。）

学生1：桌面。

学生2：书包。

学生3：《小状元》练习册。

（2013-03-27，观察）

教师在抽象出"面积"概念后，又回到了生活中。林南在最后还提到了"到生活中去寻找1/2"，实质上体现的就是思维载体的转换，这有助于加深学生对分数的认识。这些实例非常自然，因此在相应的学习过程中，学生就可以发挥很大的主动性，这与建构主义的主张是一致的。由具体的形象抽象到数学符号或者数学概念，学生的思维便达到了一个更高的层次，这也表明，"自反性抽象"在数学教学中占据着重要地位，自反性抽象即在更高的层面对已学过的生活知识进行重新的建构。这种事实也涉及数学教育的本质特点：在对模式化的个体做抽象的过程中对模式进行研究（郑毓信，2001：255）。

但是，对学科知识进行生活化处理并非易事，在做课间操的时候，我和林南简单聊了两句，在这次非正式的谈话中林南显得非常轻松，她也说出了自己的心里话：

图形课比较难上，虽然自己下来也会看很多东西，但是依然觉得难以说清楚，难以让学生尽快理解概念。我不是特别喜欢图形课，因为我自己对它的理解也不是特别深。比如说，计算，单纯的计算，理解算理，这些比较简单。图形课它涉及的东西特别多，比如说，面积容易和周长混。然后，物体的表面又不是一个特别清楚的概念，所以说这种东西上起来特别困难，语言表述如果不是特别准确，就容易给学生造成误导。所以一般要讲（公开）课的时候，我不会选择这样的课。……比如说表面积，橘子的表皮可以剥下来，但是它还有个厚度的问题。而且还容易和"体积"的概念混（还容易和"周长"混）。所以就是前面这一块，怎么能让孩子更清楚地理解面积的含义？就是这一块我不是很明白。而且这个概念本身也不是很清晰。在小学阶段涉及的是一般化的（概念、理解）。但是进入到（学生）汇报的部分，我发现不能仅靠格子图来比面积的大小，还有很多实际的、生活当中的方法。学了数学，你不能死板地就用一种方法，你必须思维开阔。

（2013-04-10，访谈）

4. 图示

"非言述"的实践性知识还可以通过图形来呈现。林南在自己的课堂上通过直观的画几何图形、画线段图等方法来呈现数学概念和原理。

例如，在教授"初步认识分数"这节课时，林南会通过画线段图的方式帮助学生理解"整体与部分"的关系，也会使用一些图形与颜色，帮助学生直观地理解分数的概念。在理解"平均分"的概念时，林南提出了一个问题："如何才能把一张纸平均分成 4 份？"图 3.2 所呈现的就是教师通过图示的方法，来直观呈现的"平均分"的概念。

图 3.2　把一张纸平均分成 4 份的方法

那么图示的表征形式对学生的学习意味着什么呢？如果说文字符号的引入是对语言的扩展，那么数学图形的表征便是对抽象概念的解读。21 世纪教师的信息素养中，很重要的一点就是"视觉素养"（visual literacy）（Stokes，2002）。当今的教学形态已经越来越重视从文本学习转向图像学习，教师充分利用视觉材料的能力能够帮助其对学科知识进行教学化重构。

5. 想象

数学教学中涉及许多抽象的概念，需要学生自己去"领悟"。林南在课堂上，有时候会借助体悟等方法，来帮助学生感受某个数学概念和原理的深意。

在"认识面积单位"这节课上，林南向学生讲授了 1 平方米、1 平方分米和 1 平方厘米的大小关系。并列举了一些生活中常见的实例，说明不同面积大小所对应的实物。为了让学生更好地理解和领悟 1 平方米有多大，林南让学生闭上眼想象 1 平方米的大小。在另外一次课上，林南也是通过在头脑中搭建空间结构图的方式来讲解立方体之间的关系的。这种将教学知识归于"想象"的方法，锻炼了学生的抽象思维和空间思维。

当然，教师实践性知识的表征方式并不是孤立的，教师常常会同时使用多种形式来呈现自己的实践性知识。下面这个课例片段就能很好地反映出教师实践性知识的多元表征形态（见表 3.2）。

表 3.2　教师课堂教学情境中的实践性知识分析

"分数加减法"课堂实录 2013-05-06	教师实践性知识的 结果表征
学生 1：3/4-3/4=0。 林南：什么意思？你能说说你的想法吗？ 学生 2：（突然有一个同学插话进来）错！	拟声化言述
林南：你认为是错的，说说你的理由。 学生 2：我觉得应该是 0/4。 林南：有同学认为是 0，有同学认为是 0/4。	引导性言述

"分数加减法"课堂实录 2013-05-06	教师实践性知识的 结果表征
你想说什么？ 学生3：这两个都是一样的。 林南：你能说明白吗？给大家解释清楚。 学生3：因为它们两个代表的都是一个数。 林南：为什么都代表一个数？ 学生3：把一个物体平均分成4份，一份都不取，那不就是0吗？ 林南：还有谁想说？ 学生4：你一份都没取，你取走的就是0。	引导性言述
林南：好。用一个物体来说一说。比如说，一块大蛋糕。我把它平均分成4份，我看着这其中的3份挺好的，但是这3份我们都不吃，那么最后呢，这个蛋糕还放在那里，吃到你肚子里的是0份。	生活化
学生5：老师，我觉得用0/4这样表示就没意思了，直接用0就可以了。	
林南：好。谁再来说一说？谁能画出一个图，让大家看得更清楚？老师把这个舞台交给你！	图示
学生6：（边画边说）把一个圆平均分成4份，我先取其中的3份，然后我再去掉刚才取的3份，最后我其实一份都没取，就是0。所以，我们在这个中间是可以用一个等于号连接的，也就是0/4=0。 把一个圆平均分成4份	
林南：大家看着这个图，自己想一想背后的道理。	想象

综上所述，在课堂教学的案例中，由于教师的实践性知识与具体学科和教学行为的关系较为密切，因此我们能够看到它其实是对教材知识的重构，是一种再概念化的（re-conceptualized）、再结构化的（re-structured），甚至是再文化化的（re-cultured）知识形态。

"再概念化"指的是教师对教学内容知识进行了重新解读，赋予了教材知识新的内涵，例如考虑学生的已有经验和先前所学的知识，对教学内容进行解读，或者在学生价值观、情感态度的培养上进行生发等。例如，林南通过"平均分"来解释"分数"的概念，将一个新的术语统合到学生已有的知识系统中，便于学生理解。

"再结构化"指的是教师对教学内容在浅层结构以及深层结构上的重新组织，浅层结构上的重组包括依据学生的现实情况适当调整教材知识的前后安排，深层结构上的调整指的是具体教学内容与学科统领观念的互动。教师做出这样的结构性调整往往是以学生的认知逻辑和思维习惯，以及自己作为教师多年积累的课程知识（curriculum knowledge）为基础的。例如，林南时刻强调"打回原始""找到基础"，课堂教学不仅是针对某个知识点的教学，更是贯串先前知识并引向未来学习的节点。林南的教学突破了固定的教材设计，不断在学生已有的知识和他们可能的发展水平之间建立联系，重构了教材的内容知识。

"再文化化"指的是教师在对教材知识进行解读的时候，会基于现实的社会、社区甚至学校的文化情境做出创新的改造。例如，林南在用教材教学时会基于学校的资源环境进行本土化的释读，其目的也是帮助学生更好地理解教学内容知识。

四、本章小结

本章通过对红旗小学林南老师课堂教学的追踪研究，探讨了教师实践性知识生成的重要机制之一，即"嵌套式生成"。这种课堂教学的组织形式暗含了历史累积形成的矛盾。我在对红旗小学的中观情境进行追溯的过程中，发现"减负增效"成为激活课堂教学活动内在矛盾的导火线。以林南为代表的一线教师们，用自己对于学科、学生的理解，重构着自己的课堂教学，并用自己的实践性知识回应着改革政策的要求。

课堂教学的情境涉及教师与学生两个系统，双方面对着共同的教与学的问题。本章分别对教师和学生子系统进行了分析，并对其内部的微观系统做了分析。由于任何一项活动都是符合一定需要、为一定动机所激发、由一定目标动作所组成，并且需要具体的操作来完成的，因此，作为"活动"的课堂教学必然也需要体现出更丰富的层次。

本章从问题解决、权力分配、行动规范三个层面详述了教师与学生子系统内部的知识运作机制，并最终将其统合于两个系统的互动与协商中。教师的实践性知识生成就是在这样一种活动的引导下的知识生产。作为知识生产的结果，教师实践性知识集中体现为教师对教材内容知识的教学化重构，实现了学科知识在抽象与具象之间的交互。它结合了教师对课程、学生、教学和教育的独特认知，以言述或非言述的表征方式呈现。在本章的案例中，林南的课堂教学在这三个维度上都有体现，教师对教学内容的把控、对学生理解的促进，体现了其实践性知识及实践性知识的发展过程。

回顾本章的案例，我们将讨论的重点回归到教师实践性知识的生成机制问题上。为什么我会用"嵌套式"作为核心模型来概括教师的课堂教学活动呢？从文化-历史活动理论的视角来看，教学活动并不是教师个体的行动（action），而是教师与学生组成群体之后的活动（activity）。虽然在本章的案例中，林南在教学活动的推进上发挥了重要作用，但是教师的教学终归是服务于学生的学习的，教师的教学活动只有在学生群体中才能成为可能，教师的实践性知识也因为学生这一群体的存在而得以生成与应用。师生之间教与学的活动以"知识理解"为共享客体，不断左右移动，在双方的"拉锯"之下形成了"扶放有度"的教学，教师进而在"扶"与"放"之间形成了自己的实践性知识。以"嵌套式"总结教师课堂教学情境中实践性知识的生成，可以更好地达到两个效果。第一，"嵌套"二字体现了教与学不可分割的特征，特别强调了案例中教的行为依赖于对学的行为的理解；第二，"嵌套"体现了在课堂教学的真实过程中，教师的实践性知识在很大程度上来源于学生而非先前的预设，包括学生在课堂上的反应、学生的学习准备度等。

在完成了本章案例的分析之后，我们会产生新的问题：

以林南为代表的一线教师真的仅仅代表教师个体吗？教师的背后是学校组织。在我国的学校建制中，以相同学科为基础的教研组占据重要地位。那么，同学科的教研组同事对教师的教学活动产生了什么影响？教师与其同事结合而成的共同体，又是如何促进他们实践性知识的生成的？

这些问题将引导我进入下一阶段的探究。为了达成全文叙述的统一性，在接下来的一章中，我将继续使用数学学科教师的案例，关注教师实践性知识生成的另一种机制形态。在具体的情境上，我将从"师生互动"转向"师师互动"，从关注个体教师的实践性知识走向关注教师群体的实践性知识。我将以教师的集体研讨为背景，即以极为常见而又具有中国特色的教师工作情境——教研组活动为背景，展开接下来的探讨。

教师之间的合作是促进专业发展与学习的有力支持，在学校工作中组建教师学习共同体也成为时下的流行话语（Grossman，Wineburg，Woolworth，2001；Richardson，Placier，2001；Shulman，Gamoran，2004）。在合作的环境中，教师能够相互交流观点与经验，开发新的教学材料，并得到同僚的反馈（Butler et al.，2004；Putnam，Borko，2000）。本章以"教师小组"（teacher team）① 为驱动概念，以第二个案例学校——光明小学为田野展开资料收集活动。

本章首先对教师在学校工作中另外一个非常重要的情境做一介绍，即"教师集体教研情境"。在我国，教师的教研活动非常具有本土特色，它往往依托教学研究组（以下简称教研组）来开展活动。教研组是借鉴苏联的"教学法小组"而组成的非行政性组织，经过半个多世纪的发展和演变已经深深根植于我国中小学教师的日常工作中，也成

---

① 本章在开篇先采用"教师小组"的概念，因为在这一阶段我尚未看到教师合作的深度与持久度，所以不能贸然使用"教师共同体"或"实践共同体"等包含具体要求的概念。相对而言，"教师小组"是较中性且包容性较强的概念（Kärkkäinen，1999）。

为当前教师管理、教师专业学习与发展、教师考评等工作的重要元素。本章通过追溯教师集体教研的历史，呈现教研组及其活动的发展过程，并结合光明小学具体的教研制度，分析集体教研情境背后的历史性矛盾，该矛盾直接指向了教研活动的集体目标。然后，本章基于一项历时 4 个月的追踪调查，在密集的资料里展现教师如何在学科教研组内部将活动系统拓展到经验与现实的维度，分析教师在教研活动中实践性知识的生成机制及结果。

一、集体教研情境

（一）中国式教研组的历史追溯

在中华人民共和国成立伊始，教育部于 1949 年 12 月召开的新中国第一次全国教育工作会议就指出，我国的教育质量不容乐观。当时全国 155.4 万小学教师中，具有中师以上学历的仅占到 13.5%，而初师学历和初中肄业者的占比却高达 48.3%（《中国教育年鉴》编辑部，1984：125）。如何尽快提高教师的素质，使其胜任教师专业工作，成为当时教育改革的重要任务之一。与此同时，我国与苏联建立了良好的外交关系，在政治体制、经济体制和社会文化体制上受苏联影响均较重。

1952 年，教育部参照苏联教研组的经验，颁布了《中学暂行规程（草案）》，其中规定："中学各学科设教学研究组，由各科教员分别组织之，以研究改进教学工作为目的。"同年，在《小学暂行规程（草案）》中规定，小学教导研究会议"由全体教师依照学科性质，根据本校具体情况，分别组织研究组，各组设组长一人，主持本组教导研究会议，研究改进教导内容和教导方法，并交流、总结经验"（《中国教育年鉴》编辑部，1984：728）。受这两份文件的影响，全国不少地方的中小学都成立了教研组，有的被称为"教学小组"，有的被称为"学科小组"。为了统一教研组的组织和运作形式，1957年教育部颁布了《中学教学研究组工作条例（草案）》，该文件成为我国第一部对教研组进行规范的专门政策文件（胡惠闵，刘群英，2012）。

教研组具有"疑似"苏联的传统，又有着十足的中国特色（丛立新，2011）。1957年版的凯洛夫《教育学》第十六章"学校管理和领导"中包括了大量有关学校教研组的内容，主要集中在第三节"教师集体及其在学校领导中的作用"中。其中提到了学校内部的教师专业组织，即"教师集体中教学法研究工作的组织"（丛立新，2011：311）。新中国早期的中小学教研组活动既注重结合教学法和教育学理论，也注重组织教师进行集体备课，以及开展政治、文化、业务知识与技能的集中学习。20世纪80年代以后，教研组活动强调课题研究和教育理念学习，"教学研究"更关注经验与技能的获得。但是，进入20世纪80年代后期，随着中小学校规模的扩大，教研组也开始承担一些年级组的行政事务。此外，随着时间的演进，中国教研组与最初的苏联模式相比也有了很大的不同，那就是突出了集体备课和教师相互之间的听课和评课，这也就形成了21世纪广为欧美学者青睐的校本教师研修方式——课例研究（lesson study）。1999年，美国学者斯迪格勒和希伯特（Stigler, Hiebert, 1999）出版了《教学的差距：为了改进课堂教学——来自世界教师的精彩观点》（*The Teaching Gap: Best Ideas from the World's Teachers for Improving Education in the Classroom*）一书，该书以"国际数学与科学趋势研究项目"（TIMSS）数据为基础，报告了东亚国家的课例研究模式，激发了欧美学者空前的兴趣。

直到现在，我国的中小学校依然有教研的传统。教师以"课"为核心，进行集体学习。教研组成为教师专业发展的重要平台，在提高教育质量、提升教师素质、促进教师发展方面发挥了积极的作用。本章对这一本土的教师研修模式进行研究，并探讨其中教师实践性知识的生成过程。

如前文所述，我国教研组在发展和演变的历程中，既有苏联的印记，也有独具中国特色的一面。不少国外研究者认为，中国的教研组以及听评课的研修模式是当代校本教师发展的良好借鉴（Darling-Hammond，2000；Fishman，Davis，2006；Marton，Morris，2002）。教研组最大的特色在于强调"集体学习"，教研组的活动方式为教师与同事进行交流和相互学习提供了机会，是促进教师发展的潜在途径。在具有"合作"基础的教研组活动中，教师一起备课、观课，以及观摩有经验教师的教学，进而形成了一个开放的、相互观摩和学习的良好氛围，使教师之间有可能形成某种共同的"专业底蕴"。

不过，近年来，也有研究者认为，国内的教研组暴露了不少弊端，特别是随着中小学教学规模的日益扩大、新时期教育改革的不断推进，教研组也显露出不足。教研组承担起越来越繁重的非教学研究的职责。在许多学校，教研组活动虽然能够按常规运作，做到定时、定人、定地点、定内容，但"走过场""一言堂"等现象较为普遍，并未引发教师研究教学的内在热情与积极性。越来越多的教师抱怨教研组任务布置多、检查考核多，而对教学工作的研究少、对提高教学水平的具体帮助少，但又不得不参加这种效益不高、收获不大的活动，等等（陈桂生，刘群英，胡惠闵，2014；刘群英，2007）。在我调查访问的几所学校中，有不少教师反映了自己参加教研活动的体会：

> 研修只关注技术，通常采用自上而下的组织方式，活动形式按部就班，通常就是研究教学和教法，参与的主体只是少数人，教研的结果是对老教师经验的传递，最终打造新的教学明星。

> （2014-09-20，访谈）

其实，上述问题在20世纪50年代借鉴苏联"教学法小组"之初就曾出现。发表在《光明日报》上的《普希金专家在历史课评议会上的总结发言》一文指出：有的教研组只听不评，致使听课本身也流于形式；有的教师因上级要求而不得不听课，听课后要开评议会提意见，提和不提都有难处，只好想到什么谈什么；有的教师甚至教导主任只是零碎地提些意见，或陷入具体怎么板书、怎么提问等技术方面的狭隘圈子。因此听课评课结束，教师头脑中往往模糊一片，或者装了一大堆意见而不能肯定解决了什么问题和问题是怎样解决的。

因此，这种教师集体交流的制度必然存在相互的协商和沟通问题，其根本在于协调个体知识更新与集体知识贡献的矛盾，或者说，协调教师个体在教研组内部学习的主体性以及教研组集体知识的规约性之间的矛盾。由于本书主要关注教师的实践性知识，因此本书将关注的主要矛盾集中在教师的个体知识与集体知识上，进而探讨教师实践性知识生成的背后动力。

（二）光明小学的教研组制度

在 2001 年我国启动的第八次课程改革中，"教师实践共同体"成了当时的主流政策话语，也为传统的教研活动赋予了新的合法性。本案例中的光明小学，将教师的教研活动放在极其重要的位置。光明小学教导处主任、教学主管在访谈中提到：

我们通过校本教研，切实解决教学中出现的实际问题。针对学科组教研缺乏主题性的问题，我们开展"主题教研"活动，（让）每个学科教研组作为一个课题组研究同一问题。在研究的过程中提升教研组的团队研究能力，加强教研组建设，实行教科研扁平化管理，使得教学研究更深入、更系统。……主题教研使得教师发展与教研组建设相得益彰。

（2014-10-24，访谈）

光明小学的教研组制度在传统的组织形式上有了推进和创新，例如采用扁平化管理调动教师的参与性，通过选定共同的主题提高教研的实效性，并以教师的个体学习带动整个教师队伍的建设。在笔者开展田野调查的 2014 年，光明小学制定了新学期的校历，在学校行政文件中，教研活动占据了整个学期学校活动的四分之一，足以见得它在学校和教师发展中的重要地位。

美国教师教育专家利托（Little，1982）总结了教师在学校工作中进行合作或互动的 63 种类型，其中主要的活动有：设计和准备教学材料，设计课程单元，研究教学材料和课程观点，集体备课，讨论已有的课程计划，集体讨论学生测试内容，观课或邀请其他老师听课，教学评估，等等。这些教师合作活动在光明小学的行政文件中都得到了体现。

（三）教研活动中的实践性知识

相比教师教育机构的培养与培训，学校教研组所开展的活动，由于深深植根于教师的日常教学实践，对教师的教学产生着直接而非间接的、有操作性而非说教性的、有针对性而非泛泛的帮助，因而受到教师的欢迎，并在提高课堂教学质量、促进学生学习、提升教师专业素养等方面产生了积极影响。那么，教师日常的教研活动是否能够体现他们的实践性知识呢？教师的实践性知识作为教师重要的专业知识基础，能否在日常的教学研究情境中得到发展呢？

丛立新在《沉默的权威》一书中，对我国的教研制度及其组织进行了细致入微的梳理。她发现，学校教研组制度中教师之间的协商和交流成为他们专业发展的重要途径（丛立新，2011）。此外，北京大学教师教育研究团队近年以中小学"教研组"为分析单位探讨了教师的实践性知识。其中，以杨帆和陈向明（2013）的研究为代表，他们在对小学教师理解课堂变革话语的研究中指出，教师在互动情境中对教育改革的政策话语进行了"再情境化"的解读。他们对学校教师的

"话语"加以追踪分析，考察了教育改革的意义在学校环境中的流变过程。该研究聚焦某小学教研组在一次课例研究过程中的对话，以在此过程中出现的话语片段为基础，追踪教师对于主题教学这一变革性实践意义的理解，并以意义流变过程的机制为主题，着重关注变革性实践的一部分核心内容——新的课堂教学方式。该研究认为，教师对教育改革政策的"再解读"，反映了他们的本土实践，体现了他们的实践性知识。因此，作为教师日常工作中的重要组成，教师的教研活动本就是教师实践的一部分，是能够充分体现教师实践性知识的重要情境。

在集体教研的情境之下探讨教师实践性知识的生成问题，既可以帮助我们重新看到学校教研组织及其活动对于教师专业发展的价值，又能引导我们进一步规范以"教与学"为主的教研活动。那么，在这样一个独特的教学研究组织中，教师究竟在做着什么？他们是如何互动的？当下校本教师研修活动对于教师的专业发展而言起到了什么作用？如何透过实践性知识的表征看到实践性知识的运作机制？这些问题在已有研究中鲜有深入涉及，也是该研究领域有待探究的新线索。

二、集体教研中教师实践性知识的生成机制

教师集体教研的情境与上一章所分析的课堂教学情境截然不同，虽然在内容上，教师关注的都是与教学、学生有关的话题，但是具体的情境、互动的结构、权力的关系是不同的。在课堂教学情境中，教师与学生是异质性的共同体，双方的劳动分工和权力关系相对明晰，教师负责教授新知，学生则主要通过听课和做练习来习得新知；而集体教研的情境基于教师同质性的共同体，以我国的学科教研组为典型代表。在学科教研组中，教师的学科知识背景是相同的，但是劳动分工和权力关系相对模糊，教研活动的组织形式并不严格，教师之间的

互动会有很多的"潜在话语",特别涉及中国特有的人情和面子关系,这就使得这些问题更为重要。例如,光明小学教师集体教研活动中时常会出现"某句话说半句、咽半句"的现象,然而其他教师能够明白这未说出的后半句话。据莱夫和温格(Lave,Wenger,1991)的研究,这种"潜在话语"在一个实践共同体中是非常常见的,因为共同体成员具有一套内部的话语系统,而教师的本土话语最能体现他们的实践性知识,这也是本章的关注点之一。

(一)文化−历史活动理论视角下的分析

教师集体教研活动所累积的矛盾,主要体现在集体知识与个体知识之间的冲突上,特别是在集体备课与听评课的环节,不同的教师对同一节课有不同的设计。我对光明小学四年级数学教研组研究"确定位置"一课的六次课例研讨、试讲、反馈活动进行了全程解析,并将该情境下教师的实践性知识生成机制归纳为一种"拓展式"的生成模式。

1. 典型情境的选取

本章案例基于光明小学的四年级数学教研组团队,该团队共有 5 名成员,其中 3 名是四年级组的数学教师(李东老师、周欣老师、孙玲老师),1 名是学校数学学科主管老师(郑昉老师),还有 1 名是学校数学学科前主管老师(吴菲老师),她现任学校人事处主任,但依然参与学校日常的数学教研活动。

本次活动开展的形式为"课例研究",四年级数学教研组选取了北师大版教材中的"确定位置"一课作为校级研究课,以多轮设计、试讲、反复评议的形式推开。其实,像光明小学这样的教师教学研究活动在东亚文化圈中很常见。根据吉田(Yoshida,1999)的叙述,课例研究包括如下环节:

● 选择一个主题：主题可以很宽泛，例如"如何提高学生的学习兴趣"，亦可以很具体，如"如何加深学生对不等式的理解"。

● 设计一节课：教师通过合作互助的形式，收集有关的课程资源，结合自身的教学经验设计这一节课。

● 教授这节课：教师共同体挑选其中的一位教师现场讲授这节课，其他教师旁听并做记录，分析记录其优劣。

● 评估效果：课后组织所有教师召开简单的课程评估会议，关注课程的教学效果和未来改进的空间。

● 修正：教师根据评估会商讨的结果，对课程设计做出修正。

● 教授修正后的课：教师根据修正后的课程设计，在另外一个平行班进行教学，这时的授课教师可以与之前的相同，也可以不同。

● 评估与反馈：再次重复之前评估的过程，直到小组教师满意为止。

● 分享成果：完整的课例研究过程要与学校或校外的其他教师分享，可以在研讨会和期刊上公开发表。

自 1999 年以来，课例研究在英美广泛流行，人们认为课例研究能够帮助教师形成系统的关于教学的专业知识（Hiebert，Gallimore，Stigler，2002）。莱维斯（Lewis，2005）表明，课例研究提高了教师的思考与实践能力，具体表现在：完善了学科专业知识、完善了教育教学知识、提高了观察学生的能力、增强了同事关系网络、密切了日常的教学实践与专业发展的长期目标之间的联系、改善了教学设计能力、提高了自我效能感与动力。也有学者发现，课例研究可以帮助教师参与变革，激发教师的活力（Puchner，Taylor，2006）。这其实证明了一句话："对于教师来说，专业发展最大价值的发挥在于个人责任意识的树立及其与现实课堂教学的紧密相连。"（Jenlink，Kinnucan-Welsch，2001）

在光明小学，教师将上述教学研究形式称为"做研究课"，该活动每学期一次，全校各年级、各学科都要开展。研究课由学校教导处负责组织，基本的流程与课例研究的环节大体类似。按照新手教师孙玲的描述，我们能够对其管窥一二。

研究者：能不能简单介绍一下，做研究课的活动和组织形式？

孙玲：这就是一个学校组织的活动。我们组决定让我讲这节课。起初的时候是自己在总结、整理思路。

研究者：最早是什么时候准备的？

孙玲：大概是10月份开始准备这节课。先熟悉教材，看书上讲的是什么知识点，然后理解它是什么。接着我在网上收集了一些这节课的教案、课件，参考了一下。

研究者：除了是校级研究课，它好像还与另外的活动有关系？

孙玲：就是学区的几个老师过来看一看。

（2014-10-21，访谈）

光明小学四年级数学教研组以青年教师孙玲为主开展了一系列的教研活动。数学教研组全体教师为孙玲出谋划策，并借此机会帮助孙玲从新手教师成长起来。最终，该活动以一系列的课例研究呈现。从2014年9月到12月，我开展了历时4个月的追踪研究，我主要使用的分析资料如表4.1所示。

表4.1　教师集体教研情境案例核心资料

序号	资料类型	资料收集时间（年-月-日）	内容
1	观察：课堂实录	2014-10-09	孙玲第一次教学"确定位置"
2	观察：课堂实录	2014-10-19	孙玲第二次教学"确定位置"
3	观察：课堂实录	2014-11-19	观摩五年级数学教师素梅的示范课
4	观察：课堂实录	2014-11-24	孙玲第三次教学"确定位置"

序号	资料类型	资料收集时间 （年-月-日）	内容
5	观察：课堂实录	2014-11-27	孙玲第四次教学"确定位置"
6	观察：教研活动实录	2014-10-09	孙玲第一次教学后的教研活动
7	观察：教研活动实录	2014-10-19	孙玲第二次教学后的教研活动
8	观察：教研活动实录	2014-11-24	孙玲第三次教学后的教研活动
9	观察：教研活动实录	2014-11-27	孙玲第四次教学后的教研活动
10	访谈	2014-10-09	一对一深度访谈
11	访谈	2014-10-21	一对一深度访谈
12	访谈	2014-11-21	孙玲第二次教学的课后评述
13	访谈	2014-11-24	孙玲第三次教学的课后评述
14	访谈	2015-01-20	一对一深度访谈

除表 4.1 所列的核心资料之外，我所使用的资料还包括对教研组每一位教师的单独访谈、对学校校长的访谈、与孙玲所教班级学生的非正式交流等等。但是基于本书的研究问题，本章分析的核心资料集中在上述 14 份资料中。

2. 分析框架的搭建

为了探究教师实践性知识生成的过程性因素，我们需要考虑个体、组织、工具、社会环境、历史传统、文化习俗等多方面的影响。本章以文化-历史活动理论的基本概念框架（见图 1.3）为基本模型，根据本案例的实证资料对其进行改造。

除了文化-历史活动理论中的基本要素之外，基于对原始材料的分析，我还发现教研组中教师过去的教学经验，甚至个人的生活经验，以及他们所面对的教学现实，对其实践性知识的调用和发展都有重要作用。因此，本章在文化-历史活动理论原有框架的基础上，添加了"经验"与"现实"两个要素。其中"经验"包括教师的个人生活史、关键事件与重要他人；"现实"包括当前宏观和微观的教育政策、教育理念、学校文化和教育实践。把这两个要素加入活动系统，能够更加突出教研活动的社会性和历史性。

本章重点考察教研活动系统中各个要素之间的关系，并将大系统拆分成不同的子系统进行深度分析，进而揭示教师实践性知识的生成机制，打开教师专业成长的"黑匣子"（见图4.1）。

在图4.1中，我们能够看到教师实践性知识生成中的要素，例如主体、客体、工具、共同体、劳动分工、规则，以及两个拓展出来的要素：经验和现实。我们在这些要素的两两之间画出了双向的箭头，表示各个要素之间存在的永续不断的互动状态。同时，作为一项关于教师实践性知识生成机制的研究，我们需要关注"知识"在这个互动的过程中是如何"流动"的，即需要看到教师实践性知识运转的动态脉络。为了达到这一目的，我们首先对图4.1中两个核心的子系统进行剖析，然后分析整个系统内部教师实践性知识从无到有、从少到多的变化过程。

在图4.1中，左侧是以本案例的主要人物新教师孙玲为核心的活动系统，也是本章分析的关键；右侧则是由学科教研组其他教师组成的教师听评课团队的活动系统，这一系统同样在本章中得到了关注。在进行课例研究的过程中，他们有共享的规则和劳动分工，但是各自不同的"经验"与"现实"却让他们对教研问题有着不同的认识和实践，因此造成了双方在沟通过程中的"边界"。

在文化-历史活动理论看来，边界是有待跨越和整合的概念，"边界客体"则是不同活动系统之间互动的驱动力。在本案例中，新教师与同事之间，以解决教研问题为目标，虽然面临对问题的不同框定，但是双方在不断协商和沟通之后，达成了对问题新的理解，以及对教研工作新的认识，其成果体现为教师的实践性知识。

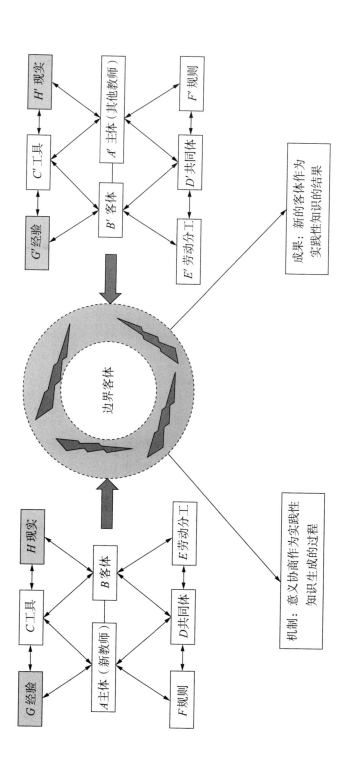

图 4.1　教师实践性知识的拓展式生成机制

在本案例中，我们以新教师孙玲为主线，分析其实践性知识的变化过程，即以左侧系统为主，并以右侧系统作为辅助互动系统。整体来看，原先的文化-历史活动理论的框架经过本章的分析之后得到了拓展，因此，我们将教师集体教研情境下实践性知识的生成机制命名为"拓展式"。之所以称之为"拓展式"，主要有三个方面的考虑。第一，图 4.1 在文化-历史活动理论的原始框架之外拓展出了"经验"与"现实"两个要素，是对图 1.3 的第二个变体（第一个变体见图 3.1）；第二，与第一个案例相比，教师在学科教研组内部的互动关系较为松散，而从个体到集体的拓展性则体现得较为明晰；第三，在图 4.1 中，多方活动系统之间的互动产生了边界客体，而边界客体的产生拓展了教师对各自原有活动的认识，在本章案例中，具体体现为教研组教师对于"什么是好的教学"的认识的更新。

（二）问题解决子系统

为了便于描述，我在图 4.1 中依然将活动系统的每个重要节点用大写英文字母标注出来。其中，最重要的问题解决子系统是左侧的三角形 ECF 和右侧的三角形 $E'C'F'$。我们需要事先明确在问题解决子系统中各个要素所指涉的内容。（1）主体：教师，即新教师孙玲，教龄不足 10 个月，以及她的同学科同事（见图 4.2）。（2）工具：主要是交际性言语以及个体思维。[①]（3）客体：问题或困难，包含目标，是这一系统的客体。从主讲教师角度看，最初体现为自身能力素质不足问题的解决（涉及语言表达、心理调节、学科知识基础等方面）；从学科教研组角度看，最初体现为共同打造一堂代表团队的"好课"。（4）共同体：学科教研组。（5）劳动分工：孙玲是主讲教

---

① "工具"在教师做研究课的过程中最终被拓展，即利用教师个体和群体的经验与面对的现实作为中介来解决问题。但是，在这一部分我们先集中考察"言语"和"思维"这两个非实体工具。

师，李东和周欣是共同设计课程的同组教师，吴菲和郑昉是校级数学学科领导，提供点评指导。（6）规则：包括潜在规则与显在规则。例如，新教师对老教师的尊重，普通教师对有行政职务的教师的谦让等。

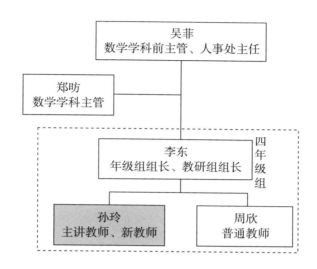

图4.2 光明小学四年级数学教研组成员结构

如前所述，该案例中的新教师孙玲和她的同事在教研活动中有不同的目标。孙玲作为新任教师，希望借助这次课例研究的机会将理论运用于实践，提高自己的教学水平，并从同事身上学习一些教学经验（B）。教研组中的其他同事，则希望在帮助孙玲迅速成长为一名合格的教师的同时，以这次课例研究为基础，打造一门好课，并将其推举为校级研究课的候选项目（B'）。面对不同的活动目标（B 和 B'）新教师能够达成自己最初的目标吗？双方借助不同的视域，以同一节课的设计与实施为基础，发现了什么新问题？创造了什么新的边界客体作为未来有待达成的新目标？在这个过程中，教研组全体教师对问题的确认是如何发生演变的？

上述问题对于我们认识教师实践性知识的生成过程极为重要。我把长达近一学期的课例研究活动总结为四个核心步骤，以"问题解决"为导向，解释案例教研组实践性知识的变更过程，揭示教师的个体知识与集体知识之间的互动和协商。

1. 最初的问题框定：个人能力素质不足

光明小学非常重视青年教师的专业发展，并将学校每学期校级研究课的活动看作重要的契机。孙玲作为四年级数学教研组的新任教师，在教学技能方面略显生疏，同组教师便决定让她参加 2014 年秋季学期的校级研究课活动。孙玲在与同事商量之后，决定将"确定位置"一课作为课例进行打磨。年级组组长李东还请来了学校的数学学科主管郑昉和前主管吴菲两位资深教师，为孙玲"把脉"。

第一次试讲是在 2014 年 10 月 9 日的上午 10 点。当日听课的老师除了四年级数学教研组的教师以外，还有我、校长以及其他各年级的数学教师代表。这样的场面让孙玲一下子慌了神，她的关注焦点从课程与学生，完全转向了听课的同事，先前准备好的教案基本没有派上用场。一节课 40 分钟，可以说是磕磕绊绊地结束了，当日听课的氛围显得有些尴尬。

在研究课的起始环节，我和同组的其他四位教师都看到了孙玲作为一个新教师所面临的困难。首先，从孙玲个人来说，她将自己面对的最大问题表述为："特别怯场，个人心理素质不好。"其次，从共同体其他成员的诊断来看，教研组的老师将孙玲的问题归因于"经验不足，刚上班时都是这样，几年以后就好了"。因此，在第一次小组研讨的对话中，共同体成员把孙玲的教学问题框定在了"教师的个人心理素质与个人教学经验不足"上。这种归因导致新教师孙玲一方面将主要原因归结于自身，另一方面又感到无能为力，因为只有"时间"才能解决问题。

在一次课后访谈中，我了解到了孙玲心中认为的"最大困难"——

研究者：（做这节研究课）最大的困难是什么？

孙玲：其实也没什么困难。让他们跟我一起听了这么多节课，就是（做到）力所能及吧，在我能力范围之内，只要我自己认为有进步就行了。我觉得没什么困难，自己下去下下功夫，琢磨琢磨，没什么大的问题。主要就是别人听我课的时候，（我）可能不善于表达，比较含蓄一些。

研究者：所以这与你自己的性格有关？

孙玲：对，自己的心理素质。

研究者：这就是最大的困难？

孙玲：我觉得教案都是其次的，主要是自身的素质。心理素质的提升只能靠自己。

研究者：有人说好老师是天生的，你信吗？

孙玲：也不是吧。也是可以训练出来的。我前几年语言表达能力非常强，这两年就……。接触的人比较少了，年龄增长，呵呵，就不爱说了。我觉得和年龄有关。

研究者：有其他操心的事？

孙玲：对，一些费心的事上来之后，话就比较少一些。

研究者：所以和老师个人的状况有关，身体、家庭啊……

孙玲：对。心理素质是第一位的！

（2014-10-09，访谈）

从上面这段访谈材料可以看出，新教师孙玲是一个很有主见，也很有自尊的教师，对于我这个"局外人"，她一开始并不想承认自己的不足。但是在交流了一阵之后，她便将问题归因于个人天性，而个人的天性是无法改变的，她认为自己所面临的问题似乎并不是专业技能不好带来的。在面临自己做研究课中遇到的困难（B）时，她有非常矛盾的解释。一方面，她认为自己没有遇到什么困难；另一方面，她认为自己存在心理素质方面的问题。

针对孙玲最初的教学设计，年级组组长李东的意见是："其实她（孙玲）试讲完了之后，我不想改变她大的环节了，但是，具体的细节，每个环节的讲课方式，还是希望她改一改。"这里需要提出的一点是，孙玲所做的这一节研究课，首先代表的是光明小学四年级数学教研组，然后代表的是学校的数学学科，其中第一次试讲的教学设计也是四年级组三位教师共同备课的成果。因此，在这里，四年级组组长李东老师的意见就显得颇为重要。

通过第一次试讲，教研组老师均将孙玲的问题框定在了"个人能力素质不足"上面，并重点关注了语言表达、心理素质等层面。为了解决这些问题，教研组的老师决定从活动设计入手，尽可能使孙玲的教学语言表述得更加"规范"和"精练"，特别是通过一些添枝加叶的环节，让孙玲的课更具"探究性"。[①]

2. 问题解决方案：重新设计教学活动

孙玲将自己的问题归结为"心理素质不好，表现得紧张"，随后同组教师通过设计一些导入活动，帮助孙玲在课前放松，并尽快进入状态，把焦点调整到学生身上。面对上述问题，教研组的同事为孙玲设计了各种各样的活动，帮助她丰富课堂教学的内容，避免站在讲台上显得尴尬和局促。

表4.2中的文字是孙玲第二次试讲后，教研组讨论的片段，他们聚焦于课堂教学中的导入环节。导入环节在一堂课中非常重要，它既是连接学生已有知识和生活经验的纽带，又是引入一节课新授知识的线索。如果导入得好，后面的知识点教学就会很流畅；如果导入环节不清楚，就难以顺利达到预期的教学效果。因此，教研组

---

① 这是在我和吴菲老师的一次非正式交谈中，她所表达的意思。由于不是正式的访谈，因此我无法提供准确的原话，但是其中加引号的部分都是吴菲老师强调的意思。她特别提到了新课标对教材内容的更改，要求教师转变角色，让学生成为课堂的主人，并积极引入探究性教学的理念。

以"修正导入环节的教学活动"作为研讨的第一个主题是很有意义的。

在这里，我要特别解释一下表 4.2 的文字整理方式。听教研组研讨录音的时候，我发现教师群体的微观互动非常复杂，与一对一的访谈截然不同，教师群体在交流的时候有很多话语的交错和重叠。为了真实再现当时的对话情境，我采用了一种全新的整理实录的方式：用横向铺开的方式整理每个人的发言，从而看到他们在话语之中的交叠成分（用同样线型的下划线表示）；从纵向来看，我们能够看出每一个人在整个对话中发言的次数、话语习惯和表达方式，由此可以看到共同体（D）内部的劳动分工（E）与规则（F）。

表 4.2 中光明小学数学教研组的对话片段反映了教师们针对课堂引入环节的教学活动设计。本节课的目标是让学生学会用"数对"的方式来表示位置，在课前引入环节，教研组共同决定让学生先尝试用自己能够理解的方式表示出自己的好朋友在教室中的位置。这样的教学设计能抓住学生的注意力，在第一次试讲的过程中，学生也非常积极地参与了教学活动。但是，学生对于位置的描述却千人千面，近十种不同的描述位置的方式让新教师孙玲有些手足无措。那么，教研组在面对孙玲的困境时，是如何处理的呢？

我们从吴菲老师最后的定论中可以看出，活动引入和最终的落脚点没有问题，关键是中间的环节设计。而中间的环节设计不论采用何种表述方式，在教研组老师集体看来"都行，都无所谓"。

在第一次试讲中，学生对自己好朋友位置的描述主要有：组、排、行、列、个……。这些不同的表达方式是由观察和分类的视角不同导致的，但是在教研组老师们看来，这些并不是重要问题，具体的表述形式都是人为规定的，教师需要抓住核心。在评课初始环节，三位有经验的教师就已经达成了共识。

表 4.2 光明小学四年级数学教研组对话片段

发言次序	吴菲	李东	周欣	郑昉	孙玲
1	最后的落脚点我觉得是对的,就是说,无论用什么样的方式表达它的位置(都没表达关系),最后还要总结到"行"和"列"的问题,"行"和"列"最终都是一种人为的规定。	一般来说谁和谁都(可以)是一对儿,是吧?"行"跟"列"是一对儿。			
2	弄清楚"行"跟"列"是怎么回事儿就行了。	然后"组"和"排"是一对儿。一般在叙述的时候,用"对儿"。你不能说"行"和"排"。			
3	一般情况就是"行"和"列",一般都这么说。		对对!		
4	其实地这么说吧,也没什么问题。			"行"也没问题!	

发言次序	吴菲	李东	周欣	郑昉	孙玲
5		最后就是说我要表达成一种共识，我用这一组去表示，另外一组用"组"和"排"，你们想用"组"和"个"也行，无所谓！		横着就是"排"，纵着也叫"组"。	
6			她（孙玲）可能是想和课本上统一一下。		
7	这个地方到底用什么好？我觉得，孩子说得最多的就是几组"第几个"。	"第几个"！可以！		也可以。	
8	我倒觉得，孩子习惯用什么，我们就用黑板绘地呈现什么，不是说孩子说什么，你非得要到正到你的习惯中去，没必要。		对对对！	不用纠正！	那我就说"第几组""第几个"吧。

发言次序	吴菲	李东	周欣	郑昉	孙玲
9	等于就是横纵坐标的交点！ 他的位置就是相交的那个点。咱们上去找点。 就是线上找点。	教材上说"第几组""第几排"。它就是想说横轴上的点和纵轴上的点是交叉点。还是能引申过来的。 这（种方式）是线对点，那（种方式）是线对线。交叉点上的点。 对，这两种叙述方式都行！		"第几组第几个"，就是先找这一条线，然后再从这个组里找到点。	
10	所以说，你就尊重孩子的习惯，而不是非得把他们带到你的这个习惯里面去。	学生不一定要用"行"和"列"，只要他表示对了，都行！		都行，都没问题！	

续表

发言次序	吴菲	李东	周欣	郑防	孙玲
11	在这个地方啊,像刚才我们唱们说,引入没有问题,落脚点也没有问题,关键就是中间的呈现有问题。刚才(你)一边说,你这种我们就一边说,一单个的呈现方式,一对一的方式,真的不是特别好!	那天在你们班,有一个女孩儿说,我就想用"行"和"列"。可能地对这个理解得比较地深刻一点,无所谓。 (你)就是(在用)"点对点"的方式。			
12		因为撒开了以后,让他们讨论,这就是一个面儿上的活动了!			

李东：关于数字，你写一个纸条。比如写一串数，5、4、3、2、1，没有加点的，还有中间加点的。你这样展示出来。（边说边在纸上写。）中间的数，如果不加点，你找不到它的具体位置。这是一串数，你找不到。你要把学生的想法写出来。你也可以在中间写横杠，让它成为一个规范的形式，无所谓。学生可能写出好几种形式来，你把学生写的展示出来。

郑昉：对！

吴菲：其实到最后，（形式）就是人为规定的，就按这个走！

李东：对！就是人为规定的！其实按照我数的方式，就是从近及远。横着数是从近及远，纵着数也是从近及远。这都是人为规定的！

（2014-10-19，观察：教研活动实录）

多样化的活动设计让新教师孙玲在此时花了眼，当面对学生多种多样的回答的时候变得不知所措。上面的教研组对话凸显出了两个主要的对话主题：一个是位置表述方式的灵活性（发言次序1—7），另一个是对学生思维的尊重和引导（发言次序8—12）。而这两种主要的教学技巧可以体现为有经验教师的实践性知识，这些实践性知识正是在具体的问题情境中，以及群体性的对话和相互激发之下生成的，主要体现在那些交错和交叠的话语部分。在图4.1中，则体现为右侧的活动系统：学科组教师在帮助新教师成长的问题上（B'），调动了自己的实践性知识，知识的生成过程逐渐向边界客体的方向运动。

在这样一个对话过程中，我们还可以透析微观权力的影响，例如新教师孙玲和普通教师周欣在这个阶段的研讨中发言很少，而话语权大多被吴菲和李东两位有经验的教师所掌控。两位有经验的教师所提到的以点带面的、灵活性的教学对孙玲来说有很大的帮助。然而，这并不意味着那种教学方式符合孙玲自己的风格。

那么，教研组真的为孙玲找到了问题的核心吗？新教师孙玲在参与了教研组研讨之后，又是如何将研讨内容内化为自己对教学的理解的呢？当我们将视角拉回图 4.1 的左侧时，我们就能够看到，新手教师孙玲在课例研究活动中，以专业成长为契机，逐渐生成了自己对教学的新的理解，这就是她最重要的实践性知识。

3. 重新框定问题："活用教材"与"抓到根儿"

如前所述，在教研组活动中，教师通过相互对话的形式激发了自己有关教学的实践性知识，并将其作为一种重要的参考，为新教师孙玲的研究课提供借鉴。这是教师实践性知识生成机制的重要步骤之一——"调用"。但是，这里的实践性知识其实尚未被孙玲充分内化。在较短的时间内，孙玲对同事提出的建议产生了自然的"抵抗"（resistance）。例如，教研组教师坚持认为，孙玲应该改变教学语言，转变心态、学会放松，通过设计各种活动来"掩盖"自己的不足。这些"不足"在孙玲看来是与生俱来的，她很难在讲台上表现出另一副模样。

> 研究者：对这么多轮的做课，你会有厌倦吗？
>
> 孙玲：起初会有一点，因为每个人的意见都不一样，每个人都不一样。有些东西，我觉得我用着随心应手，我就会用自己的。但是有些东西，我觉得能融入进来的，我还是会参考的。如果说，将别人的东西强加在我身上，我就不会很自然地把它表现出来。
>
> （2014-11-24，访谈）

至此，在教研活动的空间结构中，教研组教师的实践性知识还停留在空中，亟须一个内部转化的过程，以最终形成主讲教师自己对教学的理解。而在这个过程之中，一个关键事件，即全组教师听了光明小学五年级数学教师素梅老师的一堂公开课，对孙玲的触动很大，同时也帮助全组教师对最初的问题框定进行了重新反思。

这里我们需要用一段插叙的笔法来重新回顾这个关键事件。在四年级数学教研组进行课例研究的第三轮，光明小学开展了一年一度的校级公开课活动，抽取了学校里教学能力较好的、有经验的教师授课，全校同学科教师均可前去观摩。四年级数学教研组全体教师都积极参加了这次公开课活动。五年级数学教师素梅老师的公开课不出意料很好，但是，令孙玲意外的是，这堂数学公开课没有"花里胡哨"的活动安排，学生的学习非常扎实，学习状态非常投入。这样的一次亲身观摩让孙玲开始重新思考"什么是好的教学"，并让四年级教研组全体老师开始重新界定新教师孙玲遇到的根本性问题。

观摩课常常是由比较有经验的教师来上的，并且由他做周密的准备。教案经过教导主任审阅。举行观摩课的时候有校长、教导主任、本校同学科（或同年级）的教师来听课，有时候其他学校的教师也来听课。课后要进行分析，并对课的质量做出总结（凯洛夫，1957：476）。素梅老师的公开课是典型的观摩课，作为有经验的教师，素梅老师的展示也成为新手教师专业学习的典范。

在第四轮课例研究之前，全组教师又一次对孙玲的教学设计展开了讨论，其中重点提到了素梅老师的示范教学。

吴菲：一方面要看到很具体的，每一步怎么做；另一方面要整体地把握教材。老师要特别关注细节，最后还要跳出来，提升起来。用教材教，而不是教教材，不能让教材把自己裹住了。要把空间给自己，最后要给学生。

李东：要用"活"了！

郑昉：就和你的"确定位置"一样。先确定你这节课在整册教材中（处于）什么位置：它是为后续中学（学习）做铺垫的。全部连起来，你就好讲了。

李东：这就是在为中学函数做铺垫。一直一直铺呢，……就是抓到根儿去。

吴菲：你看素梅的课，她就往根儿上抓，然后往出再去倒。

周欣：我觉得素梅老师的课特别好，反正我是受益匪浅。

吴菲：她的课讲得是比较明白的。

（2014-11-27，教研活动）

　　通过观摩五年级素梅老师的公开课，教研组成员对"什么是一堂好课"有了新的认识：教学应该清楚明白，应该"活用教材"，应该"抓到根儿"。经过前几次课例研究的环节，新教师孙玲及其所在的教研组成员对问题做了重新的框定。对于新教师来说，上一堂"好课"的关键不是个人的心理素质，或者口头表达能力，也不是添枝加叶式的"探究式"教学活动设计，而是"活用教材"与"抓到根儿"。换句话说，就是要抓住教学过程的核心，抛开许多分散教师和学生注意力的活动。正如李东老师与孙玲的对话一样，所有的教学活动和形式的设计都要指向一个核心的目的，这个核心的目的就指向教学和学科知识的"根儿"——

　　李东：你的教学是点对点的，没照顾到大面儿。你调动学生的积极性，让学生去讨论、总结，说哪个好、哪个不好。

　　周欣：还有一个（问题）就是，你和学生的互动不好。

　　李东：而且学生以前能回答出来的这些，我的同桌、我的邻桌，都没有。

　　孙玲：但是今天没回答出来啊。

　　李东：你自己准备一些小纸条搁在上面啊。让他们都讨论完了，说说谁好、谁不好。这样你的素材还丰富。

　　孙玲：那整理的时候他们也不知道谁是谁啊？

　　李东：为的就是找到谁表示的形式最准确！

（2014-11-21，观察：田野札记）

　　在这个过程之中，新教师孙玲对小组改进建议的犹疑，加上素梅老师示范课的激活作用，彻底更新了教研组教师对于"好的教学"的实践性知识，即逐渐形成了新的边界客体（见图 4.1）。具体来看，孙玲作为授课主体，她所面对的最初的问题客体 B 是能力不足、心理素质差，而同组教师面临的任务 B' 则是通过设计各种探究性活动来打造一堂代表教研组的好课。然而，在经过了一段时间的互动以及孙玲的个人调适之后，特别是以素梅老师的公开课作为讨论的范本之后，教研组发现，在真正好的教学中，教师对教材要吃透。这个边界客体也是矛盾与冲突最集中的场所。首先，孙玲作为新教师，对同事经验的"抵抗"是重要的学习行为（learning actions），在文化-历史活动理论看来，"抵抗"行为是彰显主体性的表现，是学习行为的开始（Sannino, 2010）。其次，素梅老师的示范课成为重要的介入性因素，它与教研组全体教师的经验和前设发生了冲突，促使他们重新思考真正好的教学的核心也许并不是活动的设计，而是基于教师主体的质朴的教学。这种从问题表象出发，逐步深入问题本质的思路，成为教研组共享的集体知识。

4. 形成自己的风格：练达而质朴的教学

在经过了整个课例研究的环节之后，孙玲发现，真正好的教学并不是"花枝招展"的，而是朴实的。在课例研究活动结束一个月后，我对孙玲做了一次回访，她将自己的风格更多地融入了对教学的理解之中。

我觉得一节课不论做得多"花枝招展"、多种多样，让孩子理解这个知识点是最主要的。简单不俗气。然后，要是知识量挺大的，难度上去了，但孩子没有完全理解这个知识点，这就不是我想做的，我就是想让孩子从根本上掌握这个知识点。……现阶段我也有一个目标，就是把自己的每节课上得能够让孩子理解知识点，不要提高难度或者急于求成。我现在就是这个想法，没有说非得要创新出一些东西，我觉得创新出一些东西可能又会忽略很多东西。就是说，我创新的东西不一定有价值。

（2014-12-09，访谈）

新教师孙玲对教学的理解，让我想到了日本学者佐藤学在《教师的挑战：宁静的课堂革命》一书中的观点。佐藤学认为：日本教师追求的课堂教学的形象变了，令所有教师着迷的教学能让师生在娴雅的关系中相互倾听彼此的心声，能够紧扣当今教师心弦的教学绝不同于以往那种受到喝彩的、热热闹闹的、华而不实的教学，而是借助纤细的交响展开的、静悄悄的、返璞归真的教学（佐藤学，2012：15）。

在新课改的影响下，教师往往会追求风风火火的课堂，然而，孩子们并不追求这种表面活跃的课堂。他们所要求的是安静沉着、能够拓展自己可能性的课堂。佐藤学列举了日本滨之乡小学西岗正树老师的"一朵花"的课堂教学，整个课堂寂静而沉着，充满了宁静的气息（佐藤学，2012：23）。还有水泽中学课堂的质朴与温和，也体现了一种洗练的状态（佐藤学，2014：14）。

光明小学的新教师孙玲在教研组内部的研讨环境之下，首先将问题框定为个人心理素质不好，然后对教学的片段进行了"分解式"的设计，但是这种设计与孙玲的个人特点或偏好的教学风格并不一致。孙玲通过合作中的反思，意识到了这个问题，认为质朴的风格才是最适合自己的教学风格，真正好的教学是对教学内容的扎实把握，教师应善用自己与生俱来的风格，而不是刻意地复制和模仿。在这里，教师对于教材内容本身的理解成为衡量教师教学水平的重要维度，也成为教师实践性知识的生成基础。马立平在有关中国数学教师的研究中指出，中国教师由于对教材内容知识有深入的理解，并能将这种理解与学生的理解水平相连，最终实现了优质的数学教学效果（Ma，1999）。因此，对于孙玲来说，对教材内容知识与课程知识的深入理解才是达成优质教学的关键，先前所界定的心理素质、活动设计等，都只是细枝末节。

（三）"经验-现实"的拓展系统

在问题解决子系统中，我们初步归纳了新教师孙玲对于教学的实践性知识的变化，以及数学教研组全体教师对"什么是好的教学"的认识更新。在这个过程中，既有新教师的主动反思，也有外部现实的介入，为了进一步考察教师实践性知识在集体教研情境中的生成机制，我将"经验"与"现实"两个要素纳入原有的框架中，来考察它们对教师实践性知识发展做出的独特贡献。下面，我们重点关注这两个拓展的要素：经验与现实。从图 4.1 上来看，我们的关注点为三角形 GHD 子系统和三角形 $G'H'D'$ 子系统。

1. 经验

经验在这里指的是在时间的维度上，教师个人与集体积累下来的有关教育教学的认识，其中也包括了相当部分的实践性知识。作为问题解决的中介工具，个人的经验和集体的经验都是非常宝贵的财富。在光明小学四年级数学教研组的教研共同体中，教师们的个人经验与集体经验就成为化解新教师孙玲教学困境的一剂良药。

例如，许多同组教师以自己的经验现身说法，帮助新教师孙玲缓解授课时的紧张情绪——

孙玲：我觉得我很少失眠，但昨天晚上我竟然失眠了。一听说20来个老师要听我的课，我一下就吓坏了！

语文教师1：其实今天没有20个吧？

周欣：十几个。

孙玲：我希望没人来！

周欣：嗯！其实我觉得一有学生我就不紧张，我和学生一互动就不紧张。

孙玲：其实我跟学生还行……

（2014-11-19，观察：田野札记）

甚至同一个年级组的语文教师也谈到了自己的经验：

语文教师2：你知道吗？第一次上公开课，我讲了9遍。之后上省里的课，又讲了7遍。都这么讲，（开始）讲不出来，后来就好了。

李东：你讲下一遍和前面就不一样，讲一遍，一遍（就）不一样，你随时在修改。

（2014-11-19，观察：田野札记）

同组教师的经验帮助孙玲认识到，新手教师在第一次做研究课的过程中都会经历一样的流程，这种情感体验并不是她一人独有的，而是整个共同体共有的经历。此外，教研组教师的经验也揭示了，做研究课促进新手教师专业成长的原理就在于在这一过程中教师会反复不断地试讲，学界将其称作"刻意练习"（deliberative practice）（Vrikki et al.，2017）。

但是，另一方面，"经验"有的时候并不会提供完全正确的决策。例如，在孙玲做研究课之初，教研组教师将研讨重点定在了具体的教学细节上，设计了一系列的教学活动。但是，这些教学活动中有一些并不适合孙玲的性格。因此，她在教学过程中不断做着调整，并形成了对自我教学风格的理解。而观摩优秀教师素梅老师的公开课成为四年级数学教研组重新界定问题的契机。教师们看到了一种更加扎实的教学背后的内蕴。同时，孙玲的个人经验在做研究课的过程中也被不断调动出来。例如，孙玲在访谈中向我流露，随着年龄的增长，生活中所面临的问题让她不善言语，这些主观的生命体验也导致了她对自己教学问题的归因。

总之，教师的个人经验和集体经验成为他们框定问题的参照物，如默顿（R. Merton）提出的"参照群体"一样，这些经验一方面成为他们认识现实情况的参考，另一方面也将成为被改造的对象。

2. 现实

现实在这里是空间维度上的概念。学校的行政要求、教研组的文化、教研组的帮助以及多轮教学反馈活动，都成为促进教师实践性知识生成的现实条件。有研究者指出，现实中的同行模拟非常重要（贝尔，布瑞克，2010），这在本案例中集中体现为观课和现场演示。我认为，在光明小学的课例研究案例中，实现数学教研组对问题理解改变的重要转折点就是观摩素梅老师的公开课教学。素梅老师的公开课是典型的观摩课，作为有经验的教师，素梅的展示也成为新手教师专业学习的基础。

除此之外，教研组共同体还帮助新教师孙玲理解了教学中的灵活性、成熟教师的教学样态，以及现场模拟的方法。下面的研讨片段就集中呈现了郑昉老师生动的现实示范（见表4.3）。

从表4.3的实录片段可以看出，光明小学的数学学科主管郑昉老师用现场示范的方法帮助孙玲找到了一种上课的状态，并让她真实了解到面对某些具体的情况可以怎么说、怎么做。

其他一些公认的优秀教师的教学也会成为教研组老师们研讨的对象。

郑昉：多听听吴正宪讲课，女老师（应该）学习吴正宪讲课！

吴菲：但真不好学。她一板一眼的……，吴正宪的提问太一针见血了。

李东：她发现问题也准啊，这都是经验！

（2014-11-24，观察：教研活动实录）

简言之，在问题解决子系统之外，教师共同体的经验与现实境遇会成为他们理解教学、解决当下教学问题的重要资源支持，并协助教师共同体生成他们的实践性知识。

表 4.3　教师教研中的现实模拟

吴菲	李东	周欣	郑昉	孙玲
有选择性的。	你展示的东西应该由你自己把控，不是学生说了什么你就展示什么，对，有选择性的！这个我也跟她讲过，有选择性地展示。		你说展示什么就展示什么。	
	对啊，直接搁旁边，一句话就带过去了。		你可以把这个收起来，不展示。然后你说："我们写得特好，一会儿我们再展示。"	
	对！讲到"教对"再让他说。		然后你讲到"教对"的时候，你可以说："老师刚才没给大家展示，但是他提前已经预习得非常好了。你能给大家说说这是什么意思吗？"	我就是随机应变的能力不行。

吴菲	李东	周欣	郑昉	孙玲
肯定有出现"数对"的情况。	肯定有。			我们班是有写，但是他写没有那个符号，他就是表示出意思来了。
其实，意思表示出来了，他也未必能够讲清楚。他纠正，说明你比他高明了，呵呵。他虽然模仿了这种形式，但是可能不能讲明白，他可能不知道为什么加括号，这时候你再说。			最后你让他讲。	
	规范完了之后，这个环节还没完。要让他再试写，用规范的方式再写一写。这是"语言"。"语言"过去了，下面该进入下一个环节了：能不能用数学的方式表示他的位置。			

吴菲	李东	周欣	郑昉	孙玲
	她的提问方式就是（这样），别人就听不明白了。		你最后说的那一句话我没听懂："你能用数字的方式整理一下简洁的表示吗？"怎么用数字的方式表示？	
				哈哈！
	她其实是想说用"数字"。数学的方式，直观的，可以画图、画表。	她其实就是想说用"数字"，但是她没那么说。	你想简洁到什么程度？	就是说：你能不能用数字的方式整理出更简洁的表示式。
			你不就是想引出"数对"吗？	

吴菲	李东	周欣	郑防	孙玲
咱能不能不这么说啊?			你不用这么设计! 你可以用一个"数对"的形式。 你可以自己准备一个啊! 问学生:"你们看看这么写了，你们能明白吗?（这是）什么意思?" 可以啊。	但是学生没有写出来啊。 就这么干巴巴地写出来?
	这是引入故事，可以! 你不能把故事放在末尾，你这个时候把故事夹在里面地能引出"数对"的表示! 学生听着更有兴趣。		可以! 你可以说:"数学家是这么表示的，你能说说这是什么意思吗?"	其实，刚开始我这样设计的，就是有一个数学家，他是用这种方式来表示的。
		呵呵（苦笑）。	如果学生这个时候都会用"数对"表示了，前面那些具象化的表示方式就干无用了。这是我个人的想法啊。	

在这里，我们可以借用班杜拉的社会性学习理论从另一个侧面解释"现实"的介入为何成为孙玲专业学习的资源。"观察学习"是班杜拉在 20 世纪 60 年代提出的一个概念。观察学习是指，人可以通过语言和非语言形式获得信息以及自我调节的能力，使得自己不必事事亲身体验，通过观察他人（榜样）所表现的行为及其结果，就能学到复杂的行为反应。行为的习得和形成可以通过体验的过程进行，也可以通过榜样的示范进行，人类的大部分行为是通过观察榜样的行为而习得的（Bandura，1986）。观察与模仿成为孙玲实践性知识生成的重要机制，其实不只是孙玲，数学教研组的全体教师都以现实的体验为基础，从一个"观察者"的视角重新理解了教学的本质。

另外，教研组教师的主动反思和相互之间的对话探究也成为他们发现新的目标客体的重要方式。教研组教师不断在具体的课例与自身的教学经验和现实的教学要求之间进行对话，最终找到了适宜的方式，形成了一种群体性的实践性知识。

（四）意义协商之中教师的实践性知识

通过剖析问题解决子系统和"经验－现实"拓展系统，本章呈现了集体教研情境中教师实践性知识生成的核心要素。在这一部分，我将主要从动态的角度考察教师实践性知识的运作流程，并尝试从整体的视角将上述要素整合起来。我用图 4.3 来表示光明小学教师做研究课过程中对教学问题理解的变化，其中主要关注新手教师孙玲在这个过程中与共同体之间的意义协商过程。在前前后后 4 个月的备课、试讲、评课、再试讲的过程中，孙玲所面临的教学问题不断被打开、不断被重新定义。

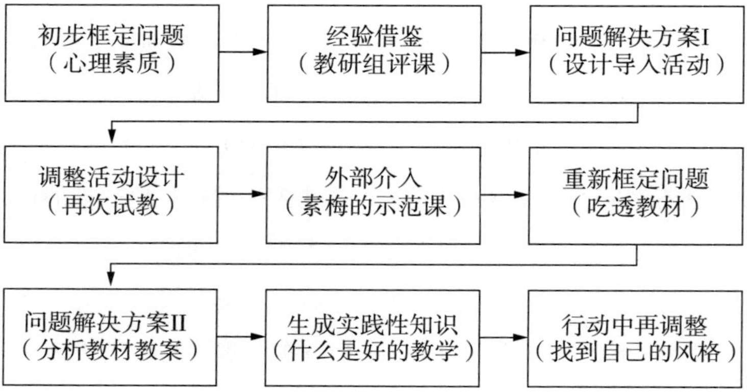

图 4.3 教师实践性知识的拓展式生成过程（1）

从图 4.3 可以看出，以新教师孙玲为核心，四年级数学教研组帮助她进行了最初的课程设计。在前两轮试讲结束之后，孙玲认为自己的教学表达能力不好，教研组的其他教师认为这是新教师的通病，就此将问题框定为"个人素质与经验不足"。在此基础上，教师们调动了自己的经验和观课总结，对最初的教学设计做了调整。然而，各种纷繁复杂的嵌入式教学活动并没有与孙玲自己的教学节奏相适应。她开始探寻适合自己的教学风格：从一种课程改革政策诱导之下的"热闹花哨"的教学逐渐回归为一种"质朴练达"的教学。在这个转变的过程中，观摩五年级数学教师素梅的公开课成为全组教师重新理解教学的契机：抓住教材、抓住学生是达到教学目标最重要的旨归。由此，教研组开始重新框定问题，以读透教材和教参为新一轮课例研究的主题。新教师孙玲也开始重新调整自己的教学，以读通整册教材作为抓手，助力自己的专业成长。在全部课例研究活动结束之后，我对孙玲做了一次访谈——

　　研究者：最后一次课，听课的老师怎么评价？

　　孙玲：毕竟我还是刚接触这个，他就是提出最主要的建议，还是让我继续努力，再看看教案、教材，深刻理解。他们说我的素质还行。

研究者：现在还有什么遗憾吗？

孙玲：不是说遗憾这一节课，所有的课……，我没什么遗憾的，讲完了就已经是这样了……。我觉得自己要继续努力的地方，是把教材统筹规划地看一看，现阶段把这个年级的教材（领会）扎实了、夯实了。

研究者：假期看？

孙玲：寒假就赶紧看看教案。课件收获大一些，教案收获小一些。课件就是实录，看看别人讲课的风格，看你适合哪一个风格。

（2014-12-01，访谈）

如上所述，教师对于自我教学风格的找寻，以及对于什么是好的教学的标准形式的思考就是他们实践性知识的重要维度。那么，在这个过程中，教师的实践性知识是如何生成的呢？回到文化-历史活动理论的视角，我尝试将生成过程的关键环节用图4.4来表示，其中的序号表示了实践性知识生成的过程序列。

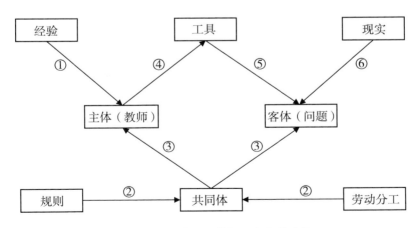

图 4.4 教师实践性知识的拓展式生成过程（2）

首先，我们以新教师孙玲为考察对象，孙玲的个人经验与个体认知是实践性知识生成的前提基础。其次，我们来看教师共同体，教师共同体内部的劳动分工与规则共同指向问题的解决，并借助相应的中介工具不断逼近问题解决的目标。最后，现实宏观情境的因素也对教师的问题解决提供了背景支持。

以往我们对教师实践性知识的理解是，其"个人性"占据了很大比重。但是，在拓展了的文化-历史活动理论框架之下，教师的个人实践性知识与集体的实践性知识之间形成了沟通的桥梁。由此，个人知识与集体知识之间的矛盾在活动中逐渐演化出新的知识体，以孙玲为核心的课例研究逐渐增进了教研组内部的集体智慧。

在近一个学期的课例研究过程中，教师群体对问题的框定变了，从一种先赋的"个人素质观"，变为一种后天的"教材研读观"，使优秀教师及其教学去掉了神秘的色彩。教师通过研读教材，打通不同单元、学段的教学内容，就能够达到"融会贯通"的效果。在这个过程中，教师以生成自己的实践性知识作为标志，在工作现场开展了专业学习。

我认为，教师的专业学习是通过三种"对话"来实现的——和外在世界的对话、和身边同伴的对话、和自己的对话。那么，光明小学四年级数学教研组的教师通过对话学到了什么呢？

简单地说，教研组从一种实践的社群（community of practice）变成了探究的社群（community of inquiry），通过开辟一个对话的空间，实现了教师之间的相互学习和反思。在这个过程中，一个对话性的社群表现出下面的特点：

- 讨论的问题是所有成员共同关注和共同感兴趣的；
- 每个参与活动的教师都有自己独特的经验、观点、想法；
- 每个人都能够专心地、批判地倾听；
- 每个人都能积极分享自己的经验。

根据上述分析，我将教师实践性知识的生成机制归结为一种对话式的路径。苏联文艺学家巴赫金在 20 世纪 20 年代到 30 年代之间提出了对话理论、复调理论等概念（巴赫金，1988）。阿克曼和梅耶尔（Akkerman，Meijer，2011）指出，用一种对话的取径开辟教师专业学习的空间具有特别的价值。教师的学习既是独特的，又是多样的；既是持续的，又是不连贯的；既是个体的，又是社会的。对话性的视角，让我们从传统的正式学习（formal learning）的视域中走出来，看到了学习的多样性、非连贯性和社会性。另外，对话也为我们提供了一种平等的、整合的框架。教师的学习，是在工作现场中发生的，是在教师与教师的互动，甚至是相互之间意见的不一致、不确定和冲突与妥协之中发生的。在这个能动性的过程中，对话扮演着中介的作用——从未知到已知，从经验到反思。

但是，在光明小学的教研组内部，我们也能看出他们之间的权力关系是不平等的。我在全部课例研究环节结束之后，与孙玲做了一次访谈，孙玲认为，教研组内部教师的劳动分工并没有很明确，似乎这样的事实是大家不言自明的。

研究者：你们年级组和其他两位老师，在这样的团队里有分工吗？角色定位清楚吗？

孙玲：这个不是很清晰，但是也能感觉到，最起码他们提出他们的意见，（他们是）指导者或者协助者，（从事）辅助的一些工作。总归一点就是希望我能进步，然后希望能把这节课上好。他们就是集思广益给我出一些好的思路。

（2014-12-01，访谈）

回顾表 4.2 和表 4.3 的对话片段，我曾提到，学科主管和年级组组长占据了较多的话语权。但是占据话语主动权是不是就意味着专制呢？不见得。因为对于新手教师来说，完全的平等和对话的氛围反而会让他们手足无措，他们需要一些"硬性"的指导作为入职初始的定位器。这在美国学者舍恩（2008）那里被称作"跟我学"（follow-me）。

因此，我们对于对话和学习之间的关系，以及教师学习共同体内部的关系应该抱有更加复杂的视角。仅从光明小学数学教研组的案例来看，教师之间的对话模式从"权威性－非互动"模式逐渐转向了"对话性－互动"模式（见图4.5），这种转向一方面是随着时间的变化而变化的，另一方面也转向了理想中的教师共同体的交流模式。

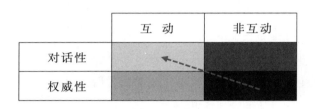

图 4.5　对话模式矩阵

简言之，以文化－历史活动理论的视角来分析教师集体教研的情境，我发现，主讲教师与协助教师在经验与现实的介入之下，不断框定与再框定教学问题，在教研活动中，以教研组对话作为重要的中介，推进了对问题的认识，平衡了个人知识与集体知识之间的矛盾，并不断形成了新的边界客体，作为教师实践性知识的产物。

三、教师实践性知识的生成结果

通过分析光明小学四年级数学教研组做研究课的案例，我们看到了教师在共同体内部的交流与对话过程，也分析了其背后教师实践性知识的生成过程和基本模式（见图4.1、图4.3、图4.4）。特别是对于新手教师孙玲而言，在这个不断找寻、不断调整的进路中，她对自己的教学以及专业学习都有了新的认识，从一种单纯的经验想法或者说是一种单纯的理论印象，走向了与实践相连接的、更加灵活且择宜的思维方式。同时，教研组内的其他教师也更新了自己对教学的认识，使其成为整个组内共享的集体知识。

最后，我将在这一部分集中探讨新教师孙玲及其同事在课例研究过程中生成的实践性知识的结果，这个结果表现为一种新的平衡——平衡了教师专业发展中的"两极"，即在有关教学的表象与本质、借鉴与创新、理念与现实之间相权衡的实践性知识。下面的三段访谈材料都来自我在本次课例研究结束一个月之后对孙玲的回访。选择在一个月之后回访，主要是想用一段相对长的时间帮助当事人从具体的情境中跳出来，重新反思做研究课对于教师专业成长的意义。

（一）发现教学活动的本质

教师合作活动中的矛盾，体现为教师的个人知识与集体知识之间的冲突。在本案例中，教研组教师对教学问题的框定从表层的技术设计走向深层的教学内容，发现教学活动之本质的过程化解了个人与集体之间的矛盾。案例中，教学活动的"表象"通过主体的直观感受得以获得。教研组对孙玲教学的感性认识导致他们在最初错误地框定了问题，掩盖了优质教学的本质。

上面这段话对于表象和本质的论述或许有些生涩，但是如果我们结合孙玲做研究课的案例就能够很好地理解。

研究者：现在谈谈你做课的事情。我想在这个过程中，你是有变化或成长的。

孙玲：以前我看教案不是很明了，比如它各部分想揭示的到底是什么。做完之后我就明白了，其实这个也是分块的，就是大概几块。我以前接触得也少，参与这种活动也少，就想着按照自己的一些思路给孩子传授知识。其实，它有一个系统的模块在里面，就是先揭示什么、后揭示什么。反正还是有进步的。别人指导啊，自己再看一看啊，进步还是挺快的。

（2015-01-20，访谈）

在教师专业发展的问题上，如何平衡表象与本质是长期以来存在的问题。通过研究表层问题，走向教学问题背后的根基，是沟通表象与本质的方法。在本章的案例中，光明小学四年级数学教研组教师共同组成探究的社群，以对话的形式达成了由浅入深的知识运作。

在最初做"确定位置"这节课的时候，孙玲把自己陷入了一个具体教学形式或教学活动的表象中。例如，究竟用什么方式来表达或规范位置关系成了困扰孙玲教学的最大难题。巧合的是，教研组在最初对孙玲进行评课的时候，也把主要内容放在了教学环节中活动的设计上，虽然它也体现为教研组的集体知识，但是这些都是表象，都没有抓住本质。在沟通过程中，老师们发现，不论用什么方式表达位置关系都是一种"人为规定"，只要学生自己心里明白就可以了。不只是孙玲，教研组内的其他四位教师也都发生了变化。因此，我们可以说，新教师孙玲和学科教研组同事在做研究课的过程中，加深了对教学活动的认识，从多样化的教学活动的表象走向了教学活动的本质，这就是他们的实践性知识、在实践中的知识。

（二）学会批判性地接纳建议

对于新手教师来说，借鉴他人的经验与形成自己的风格一直都是看似矛盾的两面。一方面，新手教师有很大的职业抱负，有想法、有热情；另一方面，他们似乎又需要依循某些"传统"来开展教学活动。在这两者之间寻求平衡，也是重新理解教学和找到自我定位的重要一步。

孙玲：我刚接触教育行业的时候，我的一个老师让我写教案，我苦思冥想了半天。我的老师问我，怎么这么半天还没写？我说，我想自己创新，写出一个属于我自己的教案。但是他跟我说，你刚接触这个行业，你就先模仿别人，讲好这一节课就很好了。从那以后，我就开始放弃自己的特色，主要还是靠模仿。能够流畅地上完一节课，反正就是现阶段，现在（的目标）。

研究者：据你的描述，一开始接触教育行业的时候，你有特别大的抱负。现在你还在某种程度上坚持做属于自己的东西吗？

孙玲：对对。我开始时认为应该创新，后来发现有些时候你创新的东西和现实不是很适合、不是很匹配。可能还是刚从事这个，对这些东西不是很熟悉。

研究者：我觉得可能那个时候空间更大一点？如果做的时间长了，可能就没有这个创造的激情了？

孙玲：现阶段我也有一个目标，就是把自己的每节课上得能够让孩子理解知识点，不要提高难度或者急于求成。我现在就是这个想法，没有说非得要创新出一些东西，我觉得创新出一些东西可能又会忽略很多东西。就是说，我创新的东西不一定有价值。可能是经验比较少，所以你的一些想法不一定被别人认可。

研究者：所以说，你的教学观是一种比较朴素的、实在的？

孙玲：对。现阶段就是说把主要的、简单的东西掌握之后，再加入自己的想法，不能急于求成。

（2015-01-20，访谈）

从上面的访谈实录中，我们可以看出孙玲是一个有自己想法的新教师。但是这种创新或形成自己风格的想法需要不断在实践中调适：最初可能想完全创新，然后看到了一些固定的模式，发现有些东西可以为己所用，有些东西似乎又不适合，所以需要不断调整和妥协，最终才能一步步形成自己的风格。

对于教研组教师而言，他们也面临着借鉴与创新的平衡问题。教研组教师对孙玲问题的诊断，以及为她设计的课前导入活动，都是针对孙玲的个人素质进行的，可以看作"创新"。但是，从素梅老师的示范课中，全体教师看到了一堂好课的根本在于对教材的把握，这可以看作"借鉴"而来的发现。因此，对于教研组教师而言，平衡借鉴与创新也是生成实践性知识的关键。

（三）探索自己的教学风格

创新是一个美好的愿望，而借鉴则是现实的需要。理想是属于意识范畴的，而现实则属于物质范畴。意识是物质在人脑中的客观反映，物质决定意识，意识反作用于物质。理想是一种特殊的意识，理想来源于现实，又高于现实。现实就是人们所面对的所有现状的总和，理想则是现实不能满足人们的需要时产生的对现实的不足进行补足完善的想法。在最后一次访谈中，孙玲谈到了自己的教学理想——

研究者：这个是针对你自己个人的教学能力的目标吗？

孙玲：对。现阶段目标定得太高，反而忽略了一个中间环节，（导致）孩子理解上出现一个歧途，他也不一定（能）完全掌握这个东西。我觉得有些东西本来就是简单的，你干吗给它弄得复杂？

研究者：你的"复杂"是指设计复杂的活动？

孙玲：对。我觉得没必要设计这些情境，我觉得可以省略。因为你设计半天就是（想）让他懂得这个规律，你掺杂太多没必要的东西反而耽误时间。

研究者：这个想法是你做了课例研究之后领悟到的？

孙玲：我一直在想这个问题。我觉得（并不是）必须前面几分钟、后面几分钟。我觉得，根据这个课，比较重要的东西必须得阐述出来，你要花时间讲、引导。后面可以少做点练习，然后再加一节练习课。如果说这节课其实也可以在活动中完成，就加入一些活动，都可以。

研究者：我觉得你现在的反思特别好！

孙玲：分情况吧。不能每节课都"花枝招展"的，有些东西是可以去掉的，它们完全是分散孩子注意力的。

（2015-01-20，访谈）

理想与现实之间的目标调适对于新教师来说特别重要，这就是我们经常说的"身份认同"中的重要维度之一。新教师孙玲对于教师的专业认同在入职初始很容易建立，因为那时她抱着对教师职业的美好愿景；但是现实中，教学需要有一定的规范，要适应 40 分钟的教学约束以及整个课程的教学进度，也要与学生的基本接受程度匹配。所以，孙玲在这个案例中选择在两者之间不断调节，最终形成自己的风格，以及自己对教学的理解。对一堂好课的理解，这就是她在这个过程中习得的实践性知识。

丛立新曾在研究中总结了教研组织自身的"软肋"：它可能扼杀教师的创造力（丛立新，2011：367）。教研组所提供的集体知识永远只能是"半成品"，只有在其基础上通过教师个人的创造性劳动，借助他们的个人思考加以变通，借助他们的教学行为灵活地加以应用，才可能产生真正活泼、富有生机和魅力的教学。集体知识在集体的制度化过程中变得合法化，但是它却不一定是合理的。在本章分析的案例中，教研组教师对孙玲课例的诊断一开始就出现了偏差，但听上去貌似合理，因此才会有孙玲的反思："别人说得再好，也得要能用到自己身上才行。"我把教师个人经验与集体知识之间的冲突作为教研活动中最根本的矛盾，因为正是知识主体对于问题的不同理解，才导致他们的行动有所不同。特别是对于本书的主题——教师的实践性知识而言，这对矛盾就显得更为核心。

对于其他教师而言，我们从教研活动的对话中也可发现，打造一堂代表教研组的优质课之理想，和主讲教师个人的现实条件，存在矛盾。在平衡两者的关系时，教研组教师们需要找到解决的方略，并平衡两者的"重力"。以重新认识教材、重新认识新教师孙玲为结果，教研组有了对教师专业发展方法的新的实践性知识，即"活用教材、抓住根本"。

上述三个方面，是教师专业发展主题之下的三对关系，集中体现为新教师孙玲与其所在的教师科研小组在互动中生成的边界客体。以课例研究的活动为载体，他们意识到了教学活动背后更加复杂的要素，并在个人知识与集体知识的矛盾中间，生成了关于"什么是好的教学"的新的实践性知识。

四、本章小结

本章案例中的教研组是以教师合作的形式组织的，案例分析的过程着重关注了教师合作中的协商问题。教师的合作并不单由权力决定。传统的教师合作，习惯基于权力结构来解释不同资历的教师之间可能产生的困境。然而，随着教师专业共同体的兴起，教师更多地在日常共事中"交手"，其中蕴含着许多协商性的意义与经验，它们存在于个体与个体之间、个体与集体之间。本章案例从教师的自白走向多元话语的交织，让我们看到了更多更丰富的语料。特别是以文化-历史活动理论作为分析框架，在一个历时的参与式观察与多方访谈中，我捕捉到了活动系统内部主体的动机意识及其规划、变化。

在资料的分析上，本章通过列表整理了教师微观互动的现场，并通过横纵两个维度的分析抽象出来教师背后的教学信念，即教师固有的实践性知识。本章一方面聚焦新教师孙玲的知识变化，另一方面关注了教师小组的知识创造过程，将个人知识与集体知识之间的历史矛盾化解于新的边界客体的形成之中。在这个过程中，我用"拓展"概括了教师实践性知识的生成机制：教师群体不只借助内部的讨论，更积极从外部寻求资源，找到了问题的解决之道。本章中的图4.1与图

4.4 丰富了文化-历史活动理论的原型，展示了教师在专业学习与发展过程中，如何在自我与他人之间寻求平衡，如何符合现实的需求。

　　本章以教师的集体备课、研课为例，在此过程中教师们针对同一问题展开沟通和交流，进行深度反思和会谈，充分展现思维的差异性，不断进行团体思维的柔性碰撞，不断增进集体思维的敏感度，使团体成员相互分享同伴的智慧，从而取得了仅依靠个人无法达到的认识上的收获（刘钊，2009）。这是一种理想的教研状态，同时涉及两对重要的概念：集体思维和个人思维，集体智慧和个人智慧。双方的碰撞必然掩藏着矛盾。这样的冲突和碰撞在"以和为贵"的中国文化中被淡化了，不仅在实践中被不断抹去，而且在以往研究者的解释中也有意或无意地被忽视了。从文化-历史活动理论的视角出发，"矛盾"是激活学习行为的关键。因此，对于教师的专业学习以及实践性知识的生成来讲，不关注教师集体中的矛盾，就不能解释教师学习的过程。如果教师不正视教研活动中的矛盾，那么这种世界范围内颇具特色的教师专业发展活动的效果就会大打折扣。

　　以"教师小组"作为分析单位，在本章案例研究完成之际，我又生成了一系列的问题：

　　超越了学科教研组的边界，学校跨学科教师小组以怎样的形态存在？跨学科教师小组开展了哪些活动、面临着哪些问题与矛盾？这些矛盾又以何种方式激活了他们实践性知识的生成？

　　在接下来的一章，我将继续关注教师小组中群体性实践性知识的生成问题，同时打破学科的疆界，以一个跨学科教师小组为案例，呈现他们在校本研究活动中的互动、学习与成长。

第五章 教师实践性知识的循环式生成

在前两章的案例中，我选取了学校教师最为常见的两种工作情境，即课堂教学情境与集体教研情境，以这两种情境为切入口，既回应了教师发展中的历史累积性矛盾，又将其放在了当下政策话语的两个热点之中，即"减负增效、少教多学"与"建立教师实践共同体"。它们不仅是我国新课程改革的政策话语，也是全球范围内教育改革的趋势。以此，我试图做到实证研究中历史因素、政策环境、学校治理、教师个人发展等宏观、中观与微观的多级透视。

本章进入第三个案例，该案例涉及的情境同样常见而普通——教师的校本研究。教师的校本研究，主要指的是中小学教师采用学术研究的方法反思和改进自己的教育教学工作的一系列活动。早在20世纪80年代，我国就出现了一些校本教师研究活动，例如浙江杭州开展的个性优化教育研究（盛群力，金伟民，1996），等等。第八次课程改革之后，在"科研兴校"理念的指导之下，我国中小学开始大力推行校本研究活动。有研究者通过文本分析的方法反映了当前中小学教师科研活动中的管理主义倾向，批判校本研究已经沦为教育管理部门管理教师的技术手段，而教师也疲于应对，并利用其中的政策奖励措施辅助个人的职称评审、绩效评估等（王晓芳，黄丽锷，2015）。然而，教师的校本研究活动与自上而下的培训活动不一样，一线教师基于工作情境开展研究活动的过程中，究竟发生了什么？教师究竟学到了什么？这些问题不得而知，亟须具体的研究提供支持。

一、校本研究情境

校本研究作为西方教师专业化运动中提出的改革话语，有其独特的历史背景，在发展的过程中也存在历史累积性的矛盾。本部分对"教师作为研究者"进行社会文化的历史追溯，并由此提出该话语背后的根源性问题，借由此将研究引向具体情境中的潜在问题，作为引发教师专业学习的起点。

（一）"教师作为研究者"的历史追溯

教师的校本研究活动，多被追溯至斯滕豪斯（L. Stenhouse）在人文课程项目（Humanities Curriculum Project）框架下提出的"教师作为研究者"的号召。其实，早在20世纪初期，伯金汉（B. R. Buckingham）就对"教师"与"研究"之间的关系做了论述：

倘若教师有机会，或者能自己抓住机会开展研究，这将会有力并快速地促进其教学技能的发展，也能为个体教师的工作赋予更多的尊严和地位（Buckingham，1926：iv）。

同时，伯金汉统计发现，仅1926年，由教师撰写并发表的研究论文就达15篇（Buckingham，1926：371）。可见，教师从事研究工作并不是到20世纪70年代才出现的。斯滕豪斯作为西方最早提出"教师作为研究者"的学者，将"教师"与"研究者"两种不同的专业身份并置，而教师从事研究活动的矛盾也在这样的并置中逐渐显现。根据斯滕豪斯的说法，在相关人文课程的实施中，如果教师有能力教一些不具备固定答案而具有争议性的话题，比如战争、两性关系等，教师就必须具有对不同的观点进行分析并保持自己价值中立的能力。而这种能力与教师的"研究力"密切相关。斯滕豪斯认为：

> 很明显，"研究者"并不是一个操作层面的概念。教师应该成为研究者（反复的探寻者，re-searcher），因为这是教师专业知识的本质。虽然教师对教育实践充满信心，也知道如何去行动，但是他们依然需要从研究中获得知识。从这个意义上说，教师必须是研究共同体中的一部分，如果不是，那么研究的结果也无法应用于实践。（Stenhouse，1983）

这样一种"反复探寻"的精神和"价值中立"的立场，被20世纪90年代的学者发展为"教师研究"。以美国学者考克兰-史密斯和利托（Cochran-Smith，Lytle，1993）为代表，"教师研究"被看作教师系统地、有意识地开展的探究工作，其中特别强调了教师的自主研究性。为了让教师在工作场景中开展研究，并从研究活动中学会新的专业知识，往往会由地方教育管理部门协调开展大中小学的合作。这种合作模式从美国引进，在我国得到推广。

在我国，一些重要教育政策和文件的颁布从制度层面上确立了中小学教育科研及中小学教师从事教育科研的合法性和必然性，也对中小学教师从事教育科研提出了具体的要求。例如，1993年颁布的《中国教育改革和发展纲要》中的第26条要求，"各级政府和教育行政部门要把教育科学研究和教育管理信息工作摆到十分重要的地位"，"鼓励和支持学校、教师和教育研究工作者积极进行教育改革实验"。1999年颁布的《中共中央国务院关于深化教育改革全面推进素质教育的决定》也指出，教师"要遵循教育规律，积极参与教学科研，在工作中勇于探索创新"。在此之下，我国初步建立了中小学教师科研规章制度，加大了对中小学教师科研的经费投入，搭建了多样化的交流平台，组织了多种多样的教师科研活动（褚远辉，2016）。与此同时，"教师"与"研究者"的不同立场出现了碰撞，"教师作为研究者"的矛盾也外在表现为组织管理的走形。

不少国内研究者撰文指出，"教师作为研究者"的角色转变符合教师专业发展的要求，但在现实中却走了样（褚远辉，2016；王晓芳，黄丽锷，2015）。除了教学任务之外，教师被要求完成太多课题形式的研究，教师的研究论文也被认为是教师工作成果的重要内容。做研究成为教师评职称、晋升的需要，而和教师专业发展渐行渐远。大学研究者的介入，成了改变学校原有生态的"强硬力量"，校外专家主宰了教师研究的过程，甚至成为决定教师研究成果优劣的唯一裁判员。

本章将研究情境放在教师教育研究领域兴起的"教师作为研究者"的学术话语之下。当教育管理部门将其转化为教育政策时，"官学联姻"的结果便是出现了许多教师校本研究活动的形式主义、管理主义倾向。

一份代表性研究通过文献分析认为，教师科研活动中更为隐蔽的管理主义倾向有可能使现实情况与理想状况背道而驰，无法使教师通过科研活动跻身知识生产者行列，获得独特的知识基础与专业判断，提升专业地位和身份。借由自上而下的层级管理，科研活动的标准化、规划性和项目化，新泰勒主义的直接控制机制，校本管理，竞争性的激励体系和量化的评价指标，专家的知识权威及其指导，以及文化管理的间接控制机制，等等，教育管理部门构建起管控学校和教师科研活动的网络。该研究最终建议，教师科研活动应回归校本、批判的特性，同时教育管理部门应该给予教师科研活动更多的空间（王晓芳，黄丽锷，2015）。

那么，此类研究是否抓到了"教师作为研究者"或"教师研究"

背后的根本冲突呢？

　　首先，我们不得不承认，任何一项教师教育改革的政策在实施过程中都会与政策设计的初衷发生偏离，这在公共政策研究中已经得到广泛认同。文献研究的局限就在于无法还原教师从事科研活动的真实情境。不论是作为"起点"的政策文件，还是作为"结果"的教师科研报告，都无法反映教师参与校本研究活动的全过程。仅以教师科研活动的政策文件与成果报告作为分析对象，未免忽略了教师参与科研活动的过程性因素。

　　其次，该类研究最终提出的建议，停留在了教育管理部门的政策修正层面。且不论教育管理部门作为一个权威机构是否能够停止实行其天生的"管理职能"，即便是修正了原有的政策规范，依旧会产生新的政策要求。而对于新的政策文本来说，更大的可能性是表面上给予了教师从事科研活动的空间和自由度，实质上实施了福柯所谓的更为隐蔽、更为毛细化的权力控制，最终进入了一个政策的乌托邦。

　　因此，上述指向政策管理部门和学校中管理制度的批判研究，并不能从根本上解决教师科研活动的问题。我并不否认这其中存在问题，但我选择将视角放在具体的过程与机制上，即：在教师从事科研活动的过程中，究竟发生了什么？除了管理部门要求提交的书面报告之外，教师究竟学到了哪些无法用文字呈现的知识（实践性知识）？

　　正是基于这样的提问，正是基于对教师在实践现场学习活动的过程追溯与机制探究，本章借助一项历时近一年的追踪研究，详细记录了教师参与科研活动的变化。那么，当教师遇到研究者，当教师尝试修正自己的身份，以研究的方式开展工作时，这之中内在的矛盾究竟是什么？圣吉（P. M. Senge）在论述组织变革问题的时候谈到，"变革"问题最困难的部分是如何面对人的内在心智（mindset）或思维方式（圣吉，2003）。阿吉里斯（C. Argyris）等人在谈到"学习"问题的时候，指出只有从根本的价值理念和潜在假设出发的双路径学习，才能促进深层学习并引发质的转化（阿吉里斯，帕特南，史密斯，2012）。从上述观点可以看到，心智与思维方式是学习与变革最核心的地方，而思维方式的冲突则是矛盾最本质的所在。

20世纪90年代以来，随着中国教育改革的推进，教师和研究者都开始关注教师进行校本研究或行动研究对教师专业发展的作用，并提出"教师作为研究者"的角色转变之必要（宁虹，刘秀江，2000）。但是，当大学研究者介入教师校本研究活动时，教师固有的思维方式与研究者所带来的学术性思维方式就会发生冲突。伯金汉指出，教师如果只是按照大学研究者的指令行事，不能理解领会其中的深意，那么他们将无法应用其中的研究成果（Buckingham，1926）。

因此，我将教师校本研究情境背后的矛盾定位在教师的工作思维与研究者的学术思维之间的冲突上。教师参与研究活动的目标是学习研究性思维，并以此改善自己传统的、零碎的、不成系统的知识结构。在本案例的分析中，思维方式的矛盾集中体现在话语方式、话语内容方面，而以往研究者指出的校本研究实施走样的问题，也是两重思维方式理解、协商不一致的结果。

我认为，教师行动研究的话语背景，依然是将科学研究的知识传递给从事实践工作的教师，行动研究遵照的依然是一种"为了改造实践而借助相应知识"的逻辑，并没有将教师自身的实践、反思、批判活动连接到他们的知识创造过程中。因此，本章在界定教师的校本研究情境时，并没有将重点放在教师如何学习一套从事科学研究的逻辑和具体的操作方法、技术上，而更关注教师个体以及群体是如何理解这样一种与他们的传统实践截然不同的认知逻辑（a habit of knowing）（张华军，2014）的。因此，在本章的案例中，我更多关注的是教师对于学术化思维的意义解释，以及他们在这样的意义解释和意义周旋过程中生成了何种独特的新的理解以及知识结构。

（二）光明小学教师研究的启动

长期以来，我国中小学第一线的活动以教学为主，似乎与研究无缘。改革开放之初，学科教师虽会参加学习和培训，但研究似乎永远只是科学家或大学教师的专利，教师更常态的活动是遵从教学大纲的要求、听从领导的安排和教研员的指导（何学锋 等，2013：16）。光明小学作为北京市极其普通的一所学校，被卷入了新的教师专业发展大潮之中。"科研兴教"与"科研兴校"成为光明小学赵校长挂在嘴边的词：

教师们的科研意识不强。在对待科研的态度方面，大部分教师认为科研很神秘，高不可攀，不是普通教师能做的事情。少数教师有开展科研的热情，但不知道如何做科研。我希望借助研究人员的工作方式来改变我们学校的工作方式，不论是管理层还是普通教师，都要有一种新的思维。

（2014-09-01，访谈）

在校长提供的一份名为《科研让学校踏上快速发展之路》的年度报告中，有关校本研究的部分提到：

2005年年末，在制定学校五年发展规划时，我校明确了"科研兴校""科研兴教"的发展思路。学校改革了原有的组织结构，增设了"科研开发部"，引领和帮助教师走上研究之路，提高自身专业水平，从而提升学校整体办学水平。

五年来，学校在"科研兴校""科研兴教"的发展之路上取得了喜人的成绩，这与上级管理部门和各业务机构的领导和指导是密不可分的，除此之外，还有以下因素值得指出：一、学校领导的高度重视。我校由校长亲自抓科研，能将教科研工作纳入学校整体发展规划、年度工作计划，并用计划来检查、评价工作的落实情况。二、有健全的制度做保障。五年来，我校制定和运行的科研管理制度有选题制度、研讨制度、汇报制度、监控制度、成果推广制度、专家引领制度等。三、执行有力。我们将科研与教研结合，开展基于教育教学改进的研究，"科研开发部"与"教学服务部""学生开发部"通力合作，使研究落到实处。四、专家的专业引领。我校同多所高校、研究院所的专家合作，有固定的专家团队，通过专家的引领推进研究工作的深入开展。

（2014-10-20，实物）

在第八次课程改革中，"教师作为研究者"成为一支流行的口号。对于中小学来说，让教师成为研究者，是为了让他们有更多参与教育决策和审议的机会。教师以研究的思维来改善自己的工作方式，也能进一步提高工作的成效。光明小学也正是在这样的政策话语之下推进教师校本研究活动的。

正如赵校长在访谈中提到的，光明小学的教师并没有科研的基础，甚至在情感上会畏惧从事科研工作。为此，校长立足学校"改进教师文化建设"的目标，成立了一支跨学科教师科研小组，并请一位高校研究者介入指导，从最基本的"研究是什么""如何做研究"等问题入手，对光明小学的这一组教师进行引领。从 2014 年 10 月至 2015 年 6 月，在这近一个学年的时间中，教师通过每周一次的学习、实地操练以及撰写反思笔记等，落实、固化了自己在与大学研究者合作中的所得，并为"努力成为研究型教师"的目标而学习。其中的学习过程，特别是结合他们的实践工作生成实践性知识的过程正是本章要剖析的重点。

（三）校本研究中的实践性知识

教师的校本研究活动与教师的实践性知识生成之间有密切的关

系。在开展校本研究的过程中，教师的专业学习行为可以分为以下五类：（1）实做；（2）试验；（3）对经验的反思；（4）无互动式地向他人学习；（5）在互动中向他人学习（Kwakman，2003；Meijer et al.，2013；Meirink et al.，2010）。在光明小学的教师科研小组中，校本研究集中体现为每周一次的研讨活动。在真正参与研究并与大学研究者合作的过程中，光明小学的教师表示很有收获。

我的笔记本已经记录下了20页的痕迹，这其中有我瞬间的感悟，也有我捕捉到的认为有价值的、可参考的、可借鉴的（内容），也有我记录下的值得永远谨记的事项。（我）确实感受到，在计划没有拿出来前，这些工作的痕迹是极具价值的。这次的实践改变了我们传统的工作方式和工作习惯，（帮我们）找到了一些问题。

（2015-03-19，访谈）

通过多次讨论，老师们都已对研究的计划心中有数。我在制订计划的过程中，多次与在路上偶然相遇的老师讨论计划中某个活动的细节。老师都明白我所说的是计划中将要出现的哪个活动，也都清楚活动的目的是什么，更能够理解我的困惑在哪里。他们都能很快贡献出自己的思考与感受。这样无处不在的沟通与讨论，使我感受到相同的"气场"正在形成一种"合力"，正是这股力量推动着计划的形成。

（2015-03-19，访谈）

（学做研究的活动）就像一棵苍翠欲滴的小嫩苗，就那么自然而然地长出来了，它带着雨露，沐浴着阳光，那么招人怜爱。每个人都发自内心地想对它爱护有加。

（2015-03-19，访谈）

那么，教师的这些收获究竟是什么？如何将他们的个体感悟提炼为他们专业知识和能力的改进？教师的专业学习又是如何在教师从事校本研究的过程中发生的？学习背后的机制是什么？下面，我将进入案例分析部分，通过文化-历史活动理论的整体性分析视角，剖析教师研究过程中的各种互动、协商与知识的创造。

　　本章的重点并不是论述教师开展校本研究活动的具体流程和研究内容，我也将避免使用"教师行动研究"① 之类的术语来框定该情境，而是将教师从事研究看作一种探究活动，将其放在理论与实践对立统一的关系中来展开讨论。这样一来，本章的情境处理就能够与前面两章保持内在的逻辑一致，即从教师真实工作环境的不同侧面，审视知识与实践的关系问题，最终落脚到教师实践性知识在概念建构与经验运作方面的新意义上。

二、校本研究中教师实践性知识的生成机制

　　从上面的分析可以看出，教师从事校本研究活动对于他们的专业发展，特别是实践性知识的增长具有一定的作用。但是，科研活动究竟如何促成教师知识的变化？变化的过程呈现出什么样的基本形态？这些问题都涉及教师实践性知识生成的动态机制。

　　在收集资料的近一年时间里，我全程参与了光明小学教师科研小组的 15 次会议②，每次会议的时长都不少于 2 个小时。为了深入分析教师校本研究情境中的实践性知识，我选取其中的典型情境，即矛盾

---

　　① 教师行动研究被看作杜威进步主义教育运动的拓展，因为以往的教师研究总尝试用一种"科学的"方法来进行评判，并试图使用定量研究与实验研究的方法，但是杜威认为，科学研究的成果评判只有在实践运用当中方知一二，只有将教师看作研究工作者，才能促使他们在实践工作中检验教育理论。由此，教师的教学工作不再是知识或技能的传递，也不是与教师个人特性直接相关的"手艺"，而应该与研究相连。教育研究本是学校工作的一部分，应该由教师而非校外人员来完成。

　　② 光明小学的教师科研小组活动受寒暑假、部分学校其他活动的影响，最终并未保证每周进行一次，因此在次数上有所减少。

冲突的所在之地，作为资料分析的重点，并根据历时演变勾画出四级分析框架，即教师实践性知识的循环式生成模式。最后，探讨该情境之下教师实践性知识生成过程中非常重要的中介工具——反思日志的作用。

（一）文化–历史活动理论视角下的分析

本章立足于教师校本研究活动，案例中教师学做研究的情境主要来自光明小学自发的活动。光明小学的赵校长以一种"学术化、研究式"的态度来优化教师的日常工作，为此邀请了在高校工作的钱博士介入教师的活动。

1. 典型情境的选取

本章主要关注教师校本研究的成果与一般过程。四位普通教师、一位学校中层管理者、一位校长以及一位校外专家共同组成了教师科研小组（见表 5.1）。我参与了他们近一年中的全部会议活动，并详细记录了教师科研小组的对话，基于此分析了教师专业学习以及实践性知识生成的过程。这些教师具有不同的学科背景、不同的工作经历、不同的行政职务以及不同的发展愿景，这些基本的人口学变量保证了该研究团队足够"异质"。

表 5.1　光明小学教师科研小组的人员构成

姓名	学科（年级）	年龄（岁）	身份
赵校长	科学	42	校长
王思	科学（四、五、六）	36	学科主管
刘忠	语文（六）	27	教师、班主任
侯云	体育（五、六）	25	教师
周军	数学（六）	35	教师

续表

姓名	学科（年级）	年龄（岁）	身份
王媛	语文（一）	26	教师、班主任
钱博士	—	35	大学教师

研究的情境以教师科研小组每周一次的例会为主，其中还包括一些校外活动（如：与教师校本研究有关的讲座）。研究的全过程如图5.1所示。

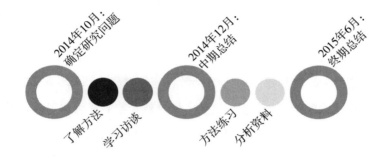

图 5.1　光明小学教师校本研究的过程

本章所使用的核心资料详见表5.2。每次科研小组会以后，我均与每位教师进行个体访谈，了解不同教师对当日小组活动的感受。由于个体访谈数量较大，故部分资料不列于表中。

表 5.2　教师校本研究情境案例核心资料

序号	资料类型	资料收集时间（年–月–日）	内容
1	观察：教师会议实录	2014–10–14	科研小组例会全记录
2	观察：教师会议实录	2014–10–21	科研小组例会全记录
3	观察：教研活动实录	2014–10–24	科研小组周末活动记录
4	观察：教师会议实录	2014–10–28	科研小组例会全记录

序号	资料类型	资料收集时间 （年–月–日）	内容
5	访谈	2014–11–15	全体教师焦点团体访谈记录
6	观察：教师会议实录	2014–11–25	科研小组例会全记录
7	观察：教师会议实录	2014–12–02	科研小组例会全记录
8	观察：教师会议实录	2014–12–09	科研小组例会全记录
9	实物	2014–12–16	科研小组教师中期总结
10	观察：教师会议实录	2014–12–23	科研小组例会全记录
11	观察：教师会议实录	2015–02–18	科研小组例会全记录
12	实物	2015–06–25	科研小组教师终期总结

在对资料进行分析的过程中，我将焦点放在学做研究情境中的冲突情境上。关注互动中的"矛盾"，能够帮助我们更加集中、聚焦地解释教师实践性知识的生成过程。一方面，它可以激发出教师处于缄默状态的实践性知识，使其得到外显，便于研究和推广；另一方面，它有利于促使教师深入思考自己深层次的教育信念，推进自己的反思与成长。

在文化–历史活动理论中，矛盾是学习与发展的关键。矛盾是各种权力博弈所形成的力量场，其中存在一个真实的问题困境。这类困境对于教师的发展来说可被称作"关键事件"（critical incident），能够帮助我们更有效地理解、概念化和情境化每位教师的个人经验。针对教师教育教学中的关键事件进行深描，并从具体的事件透视教师的思维与行动，进而发现教师面临问题困境时的实践性知识（Harrison，Lee，2011），这种由浅入深的分析方式被荷兰学者柯萨根（Korthagen，2004）形象地称作"剥洋葱"。柯萨根在迪茨（Dilts，1990）的研究基础上，提出了教师实践性知识的洋葱圈模型。该模型的最外层是教师所处的环境，具体涉及的问题是教师要处理什么事件。这个"事件"通常是一个两难困境，透过教师的行为可以看到教师的能力、信念、角色认同与使命，这些都是教师实践性知识更深层次的表现（见图 5.2）。

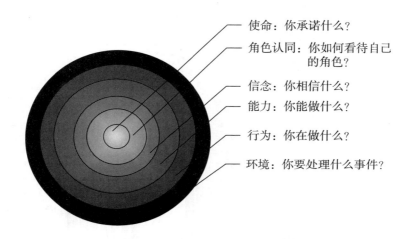

图 5.2　教师实践性知识的洋葱圈模型

2. 分析框架的搭建

在前两章的案例中，我基于对一手数据的扎根分析以及理论提炼，借助文化-历史活动理论的系统间性互动，总结了两种不同类型的教师实践性知识生成机制，即嵌套式与拓展式。一方面，我用抽象的图示化的方式总结了教师实践性知识生成的复杂过程；另一方面，我对原有的文化-历史活动理论框架进行了改造和发展，结合具体的研究内容和案例丰富了其理论视角。

在本章中，我采用文化-历史活动理论中拓展性学习（expansive learning）的循环圈，来描摹教师实践性知识的生成机制。在教师群体短时、即时的互动中，教师之间的权力关系与碰撞在第四章得到了呈现。正是这些冲突导致新手教师孙玲反思自己的教学风格。但是，由于课例研究的时间只有 4 个月，所以教师之间相互协商的过程还需要在更长一段时间的背景下进行探究。相比而言，本章所涉及的案例历时近一年，教师与研究者之间的冲突在这段时间里不断被协商与重塑，教师实践性知识的变化呈现出循环往复的状态。此外，本章案例与前两章最大的不同在于，它具有形成性介入（formative intervention）① 的性质，由于大学研究者钱博士参与了光明小学教师的科研小组，因此该小组已经不是单纯的、同质性的教师群体了。考虑到拓展性学习的理念与形成性介入的方法存在内在的一致性，同时考虑到较长的时间跨度，本章主要采用拓展性学习的循环圈来归纳实证材料所说明的问题。

根据达维多夫（V. V. Davydov）"从抽象到具体"的学习行为的发生原则，恩格斯托姆（Engeström，2001）提出了拓展性学习的循环圈，作为"从抽象到具体"这一原则的理想模型。这一理想模型可以被总结为如下七个步骤（见图 5.3）：

（1）质疑（questioning）：质疑、批判或拒绝原有的实践行为或现存的认识。

（2）分析（analyzing）：对当前状况进行分析，其目的是找出背后的原因和机制，包括精神的、话语的、实践的转化。这里包括两种分析路径，一种是历史－发生学的路径，另一种是实证－现实的分析路径。

（3）框定（modelling）：建立一个显明的、简单的模型，来框定上述解释性的原则。

（4）检验（examining）：运作、试验上述模型，掌握其潜力、动态和局限。

（5）实施（implementing）：实践运用，丰富、概念化上述解释模型。

---

① 文化－历史活动理论的基本原则之一是形成性介入。拓展性学习的循环抽象出了介入的七个环节，以及群体在介入之下发生变化的过程（Sannino，2011）。

（6）反思（reflection）：反思与评估。

（7）固化（consolidating）：固定化，进入新的实践。

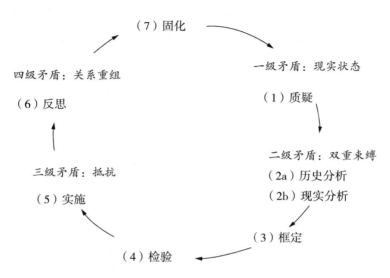

图5.3　文化–历史活动理论中拓展性学习的循环圈

（Engeström，Sannino，2010）

在图5.3中，循环圈里的四级矛盾（见图中楷体字）是推动教师实践性知识生成的重要力量。由于在前文我们已经厘清，本章进行实证分析的重点是教师从事科研活动中的矛盾情境，其具体表现形式为话语层面的四种表征，即冲突、两难、关键冲突、双重束缚。因此，我以四种不同层级的矛盾为考察中心，来探讨教师实践性知识的动态生成过程。

四级矛盾的概念在恩格斯托姆1987年的专著中得到了系统的分析，矛盾的不同层级体现在图5.4的相应数字标号处。简单地说，活动系统中的四级矛盾分别指的是：

● 一级矛盾：在中心活动系统中，每一个要素内部的矛盾，表现为要素本身的双重性质；

● 二级矛盾：中心活动系统内部，要素与要素之间的矛盾；

● 三级矛盾：当前的主导性的中心活动系统与新的（或先进的）活动系统，在客体或动力之间的矛盾；

● 四级矛盾：中心活动系统与其周边活动系统，例如主体生产活动（subject-producing activity）等的矛盾。

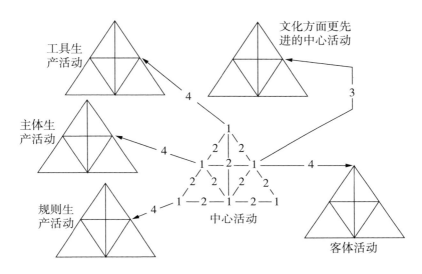

图 5.4　活动系统中的四级矛盾（Engeström，1987：89）

（二）四级矛盾驱动下实践性知识的生成过程分析

从文化-历史活动理论和拓展性学习的视角来看，"矛盾"是推动学习发生的重要动力（Engeström，1987）。从活动系统的整体观来看，不同的矛盾在活动系统（或系统间）运作的时候起到了不同的作用。本章将这一部分作为重点，以四级矛盾作为层层递进的分析框架，在每一级矛盾之中使用文化-历史活动理论的三角模型来分析不同要素之间的互动，由此揭示教师实践性知识的生成机制。我们将看到，文化-历史活动理论的基本结构（三角模型）如何随时间的推进演变为一条连贯的循环曲线（拓展性学习的循环圈）。

1. 一级矛盾

一级矛盾，或称首要矛盾（primary contradiction），它位于活动系统的要素内部。在人类活动发生之初，构成"活动"的六个基本要素就带有矛盾，每一个要素内部都充满张力。[①] 在本章中，一级矛盾存在于中心活动系统的内部，这里的中心活动系统体现为光明小学教师科研小组学做科研的活动系统。

当光明小学启动校本研究计划时，一个活动系统结构便形成了。对于小学的教师而言，校本研究活动中的六个核心要素各自暗含着矛盾。我们将教师在访谈中的本土概念抽取出来，提炼出了不同要素内部的矛盾情形（见图 5.5）。

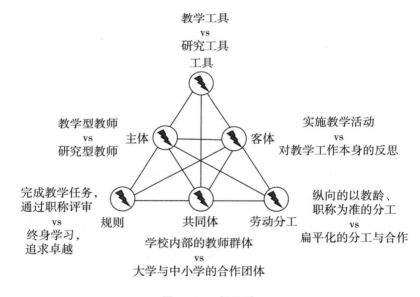

图 5.5 一级矛盾

---

① 恩格斯托姆以资本主义社会问题为例，借用马克思"价值"和"使用价值"的概念，认为商品中凝结的价值和使用价值的矛盾，就是典型的一级矛盾。在本案例中，"教师的专业发展需求"是教师科研活动中的"使用价值"，而"学校工作的制度要求"则成为衡量教师科研活动的"交换价值"。专业发展需求与学校工作制度之间的矛盾成为教师（主体）面临的冲突（Engeström，1987）。

上述一级矛盾在资料中得到了充分的体现。赵校长在第一次科研小组会议上公开讲道：

我们为什么形成这么一个组？大家（在科研方面其实）并不是很有能力，除了王思，而且我们连个人的成长期也已经过了。我希望帮助大家定定位……。我特别希望学校能够出现几个像 2014 年那样有特点的优秀老师。"十二五"时期的老师有着特别好的专业背景。希望大家做一个独特的、相对有支持的、优秀的老师。所谓独特是指，你们的专业和你们的思考，能够很快地帮你们形成自己的标准，带着年轻人特有的独立和包容，成为一个实践型的、研究型的、综合型的老师，成为一个比较独特和顺利成长的优秀老师，这是我骨子里面最想干的事情。为什么选大家？因为你们是最有余力能够学一点新东西的人。人的改变是慢工出细活（的过程），需要一点一点发现和剥离。大家把常态的工作做好，但是一定不要用这种极其传统的方式教学，一定要用你自己的方式来教。要少走弯路，要不盲目和不盲从。当我们的情绪出来的时候，能不能找出背后的证据？你看到的现象是什么，要有分析。给你们一个科研的背景，就是希望你们看事情能够客观和科学一点，这是我希望给你们打的底色……。且行且思，因自知而知人。以已昭昭使人昭昭。

（2014-10-14，观察：教师会议实录）

赵校长在教师科研小组会议上的公开发言，揭示了学校领导者对于教师专业发展的期望，特别是对于教师作为研究者的新要求。然而，中小学旧有的层级化管理模式，却成为鼓励教师反思、批判与参与科研活动的障碍所在。青年教师侯云在一次访谈中表示：

咱们课题研究的是学校治理。现在是校长一个人说了算。比如咱们课题研究完了，是不是（能够）换一种管理模式——轮岗制？今天让我当校长，一星期。你可以提出学校哪里有问题。这样学校会不会发展？会不会更公平？这样你会想到学校有哪些不足。还有比如我们以前讨论过的教师分组问题，现在是体育组、语文组、数学组，能不能有一个六年级组？我的办公室可以和六年级（组）在一起。怎样更合理？我们完全可以讨论。

（2014-10-21，访谈）

从上述访谈片段中，我发现，参与科研活动的教师对于从事研究产生了质疑。这种质疑主要体现在对未来改变的可能性的担忧上。前文提到的专业发展需求与学校工作制度之间的矛盾在校长与普通教师的话语中得到体现。光明小学现实状态中所蕴含的矛盾成为推动学习行为与改变发生的第一步（见图5.6）。

图5.6　一级矛盾驱动的学习行为

2. 二级矛盾

二级矛盾主要是要素之间的矛盾，是活动系统不同角落（corners）之间的冲突（见图5.7）。例如，在组织活动中，纵向的管理结构制约着新工具的开发，就是二级矛盾的典型案例。

在本案例中，大学专家钱博士为了让小学教师学做研究，首先介绍了一些基本的研究策略，例如问卷、访谈、观察等。这些新的方法与教师日常的工作习惯不同，需要引入全新的工具作为辅助。当新的活动工具进入教师科研小组时，它们与教师主体和活动客体之间的矛盾便集中体现出来了。

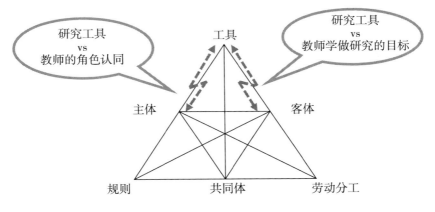

图 5.7 二级矛盾

下面，我首先通过科研小组内部的对话片段，来呈现二级矛盾在科研小组活动初始阶段的表征形态。如下对话发生在 2014 年 10 月 24 日，在这次的科研小组活动上，当科研小组的教师讨论如何通过学做访谈的方式来习得研究的基本能力之时，钱博士先是与体育教师侯云发生了话语冲突，然后这一冲突扩散为全体科研小组教师对钱博士作为外来介入者的质疑——

侯云：您刚才提到教师合作，我想到了一点，咱们学校有一点做得不好。我觉得我们能不能在学校每一周或每两周，在每个年级组开一次会，音体美语数外老师，沟通一下学生的情况。同一个年级组的坐在一起，这样我们就从分科的（个体）变成一个整体了，这样对学生的发展会更好。我来这个学校一年了，没有看到这样的教师活动。比如说，有一个学生上我的课的时候特别闹，是不是上语文课的时候也是这样？这和他的家庭教育有什么关系？在管理方法上，我们可以探讨，一直鼓励他。

钱博士：在让大家表态、让校长表态之前，我对于侯云的建议有两点提示。他提到了一个实质问题：怎么改进教学。但是我们要做的是研究、研讨，这个策略能不能转化为学校的政策，这是另外讨论的。

虽然两者有相关，但是我们需要提问："为什么我们学校没有产生合作？"比如，侯云提出这样的要求，很多老师可能就会觉得是负担，也许学校的其他活动已经把时间占满了。所以，我们需要系统地去看，它是不是有支撑条件。

侯云：这个我……①

钱博士：所以我们要做一个系统的探究，看它发生、没发生的条件是什么。

侯云：就这个问题，比如我们开行政会，也可以有点经费支持，买点水果吃的，讨论一下学生的问题。我来这个学校……

钱博士：我想我们需要平衡一下，注重自由发言的效率。我现在要再提醒侯云一下，你现在的思维是实际地要解决问题的思维，不是一个研究的思维。你现在要抽出来，（想想）我们要怎么去做研究。我们需要提出一个问题去探究，而不是马上去解决。

侯云：我……

钱博士：不是说不关注，还要关注实际问题。我们要跳出来，进行探究，系统思维。我们要看到底为什么学校没有合作，如果要实施，有没有条件。只有经过系统探究，我们才能获得更根本的认识。

侯云：我先读了本科，然后读了研究生，我也说说我的看法。我觉得现在很多论文都特别假，现在评职称都是看你有几篇论文，并不是看你（能不能）解决实际问题，并不是看你取得的成绩。

钱博士：我理解侯云的担心，怕我们的研究走向形式化，但是我觉得这个事不一样。我们做的是校本研究，我们要做真正的研究，对于真正的机理是什么，我们要给出确切的解释。好的研究和发表的文章不是等同的，这是第一。第二，我们要做实践取向的研究，我们是要给赵校长提出建议的，但是不是开头就提，要经过系统探究。

_____

① 省略号表示说话人被打断。

侯云：咱们要明白，这个理论是要返回实践的，不能把理论提得这么高，最后摔下来会很疼，最后都没落实，我感觉就没意思了。

钱博士：我刚才和侯云的对话，你们（听后）有什么感受？我们这个群体允许批判，大家要敞开心扉地反思，对谁都可以，我们要形成观察和反思的习惯，对自己的工作也有好处。

王思：我先说说吧。我想给侯云一点心理支持，你不要只看你周围的人，或你们组的现象，比如咱们学校不好，这是我最不喜欢的。如果是我，我肯定会先说我们学校做得很好，只不过在某某方面我可以提出一点建议，我不会一上来就否定。因为我觉得这是我要传递给大家的正能量，有问题我们可以去解决它，你不要全盘否定这个事。你内心深处很着急，我特能理解，但是我们一定要觉得整体来说还是非常好的。第二，你提出的建议，说大家沟通还不够。其实你并不了解，我（是）教四年级的，我们就已经和三年级的老师进行了沟通。你觉得，没有这种形式化的沟通，但是很多老师还是有沟通的。比如，有没有什么特别的孩子是我需要注意的。

侯云：可是，更深层的……

王思：咱们探讨啊！我们可能需要这种制度化的模式进行交流。但是我还有一点担心，比如有一个孩子他确实各方面都不好，我们开会就是像给孩子开批判会一样。

侯云：开会是要解决这个学生的问题，这是开会的目的。

王思：我想还是老师私下里沟通会比较好……

钱博士：王思，王思，你又陷入了我刚才说的……

王思：我知道您的意思，我只是想给侯云一些心理支持，还是有很多老师愿意把这件事情做好的。接下来，我再说您的问题。为什么需要沟通，这背后的原因是什么？

侯云：所以教师个人的……

钱博士：侯云，稍等一会儿。我说的是，（关于）我跟侯云的对话，你们有什么看法？

王媛：我觉得侯云搞错了，我们现在是（要）找出原因，教师文化为什么是这样的，然后根据我们分析的原因再找措施。侯云现在直接是在讨论我们应该怎么做，直接跳过了研究。

周军：我和王媛老师（的看法）差不多。现在侯云可能焦虑得比较多，呵呵。

王媛：给你一个建议，吃饭的时候可以和你想交流的老师坐在一起。

侯云：这还是小范围的。

王媛：不拘于合作的形式，我觉得也是可以的。

刘忠：我同意周军老师的。还有钱博士刚才说的……

钱博士：叫我的名字。

刘忠：您强调民主平等，我还是有点不适应。您刚才说系统探究，您能解释一下吗？

钱博士：探究有一个基本点：我们要了解的事实是确实存在的。对于刚才反映的问题，三个人的反应不一样。我们怎么能判断学校有没有针对学生的交流呢？我们只能通过系统探究，例如抽样（选多少人、选哪些人）、访谈，才能了解学校层面的情况。对事实的探究本身就是需要系统的调查才能获得的。好，刚才我在提醒大家反思我和侯云的对话的时候，王思又说了很长的一段话，你们怎么看？

王媛：我觉得真的是有话想说，自己才能说这么多。

钱博士：我们不说这个，我们还是要针对"研究"这个事。我的意思是还是要做一个区分的。刚才你们意识到了，王思刚才表达心理支持之后，又说了一些这个事实发生的原因。但是这个原因也需要系统探究，而不是我们现在需要讨论的。这不是通过和侯云对话就能解决的。现在是解决不了的，为什么出现这样的问题，也是现在不能立刻回答的，所以才需要系统探究。我和大家要强调的，是"价值中立"，你做研究的时候是有情感的，但是我们可以暂时把它悬置。在探究到底什么是事实时，需要先把它们的逻辑关系、因果机制探究清楚之后再提出对策。我们需要先把"真"搞清楚，再说"善"和"美"。做研究的过程，就是价值中立的过程。我们在做探究的时候，一方面要说实际问题，另外一方面又要跳出来。我提的这个是不是有点过分？

王思：我明白您的意思，一是感情上要中立，二是要理性，不能陷到这个事情当中去。我们要用自己的理性去做这件事，而不是被自己的情感牵制住。但是，我们究竟该怎么做呢？

（2014-10-24，观察：教研活动实录）

从上面的片段中，我们能够看到非常激烈的矛盾冲突。不同的话语定位导致了一线教师与大学专家有不同的目标，以及对科研活动不同的期待。专家与教师不同的知识结构与内在假设，构成了贝特森（Bateson，1972：279-308）所谓的"双重束缚"状态。贝特森认为，当主体在特定的情境中，遇到持续的外在压力，无法做出选择的时候，我们就称行动者遇到了双重束缚。特别是当要求与能力不明确、不匹配的时候，主体就进入了一个"死胡同"，产生了共同体内部的合作危机。

在发生双重束缚时，多方主体会面临不知所措的情形。例如，从资料片段中我们看到，体育教师侯云率先发言，然而他的"长篇大论"并未获得钱博士的首肯。侯云对于光明小学现实问题的反映，被看作是"不系统""未追因"的。钱博士多次打断了侯云的发言，并希望把他的思路引到科研的路子上来。侯云对自己作为研究生身份的确认，是典型的防御性行为：强调自己经过研究生训练，意在说明自己并非不懂研究。而王思在最后的发问——"我们究竟该怎么做呢？"——成为双重束缚最典型的话语表征（Engeström, Sannino, 2011）。以钱博士与侯云的冲突为导火索，科研小组的成员进入了双重束缚的状态。

此外，钱博士提问："我刚才和侯云的对话，你们（听后）有什么感受？"这是典型的当组织进入双重束缚状态时的话语表征形态。

当共同体中的对话从"我"转向"我们"，当出现"我们该怎么办""我们必须……""我们一定要……"等话语结构时，我们就说组织面临了"双重束缚"，即因面临不断增强的压力而不知所措。也正是在这样的环境下，共同体才有变革与学习的可能。

在本案例中，教师在工作场所学习行为的发生，正是从双重束缚状态的出现开始的。而教师的实践性知识，也是从这一阶段开始被激活、被挑战、被重构的。

如图 5.8 所示，在双重束缚的情况下，教师对当前行为的分析以及对教师历史工作习惯的分析，有助于其找到问题背后的原因，并最终走出双重束缚的状态。由二级矛盾驱动的学习行为由此发生，教师的实践性知识，即他们对自己教育教学工作的理解和认识，开始在"死胡同"中被激活。在接下来的部分，我们将看到教师原有的实践性知识如何与大学专家的研究性思维在周会上"短兵相接"。

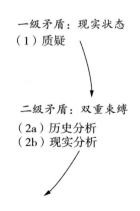

一级矛盾：现实状态
（1）质疑

二级矛盾：双重束缚
（2a）历史分析
（2b）现实分析

图 5.8　二级矛盾驱动的学习行为

3. 三级矛盾

三级矛盾从单一系统内部走向了系统与系统之间，表现为系统之间目标客体的冲突。恩格斯托姆解释到，三级矛盾往往来自优化的目标与旧有目标之间的冲突（Engeström，1987）。例如，在本案例中，教师学习开展科研活动，目的是丰富自身的知识结构，优化工作方式与思考方式。但是，传统的教师日常工作状态对他们的影响非常深，这导致教师难以在短时间内改变自己的实践模式。因此，两种不同的活动系统（分别由教师与研究者所主导）就会发生目标之间的冲突（见图5.9）。

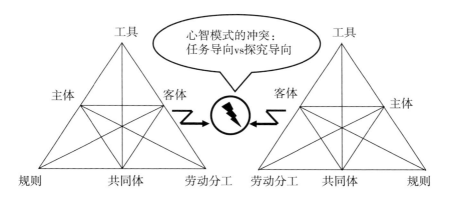

图 5.9 第三级矛盾

本案例的三级矛盾体现为光明小学的教师与钱博士所代表的大学专家的冲突。正是因为有这样的矛盾，我们才能看到教师对外部介入的"抵抗"。这种"抵抗"是自然自发的，也顺理成章地反映了教师固有的实践性知识。但是，通过不断的对话与交流，教师的实践性知识也开始发生变化。

表5.3、表5.4、表5.5截取的是光明小学教师科研小组在不同时期开展科研活动时的对话。通过历时性分析，我们能够看到教师的话语结构及其功能，以及他们实践性知识的转化过程。首先，片段分析1（见表5.3）展现了教师学习如何做访谈的过程。在教师科研小组的活动初期，我们能够看到钱博士的引导过程。

表 5.3　教师科研小组片段分析 1

片段分析 1			
时间：2014 年 10 月 28 日　主题：讨论如何做访谈			
00：00：10	王思	最开始的访谈提纲是非常直接的，就是我想要问什么，就直接地问老师……。后来，在后面的讨论中我学会了用一种比较委婉的方式，就某个事情，看老师不同的态度。所以我就不会很直接地问："你关心学生吗？你有责任感吗？"而会问："您会在课间经常提醒学生多喝水吗？"如果一个老师经常提醒学生喝水，和孩子们讲喝水的重要性，说明他首先是关心、爱护孩子的。	M–I–F–If
00：05：02	钱博士	咱们随意一点，有想法的随时说。（沉默。）周军？	M–R–F–C
00：05：34	周军	我觉得王思的提问方式我还要适应一段时间。我觉得和我的性格、我教的学科有关。我上数学课吧，什么问题都是直来直去的。我在想提纲的时候也在想怎么能够换一种方式提问题，比如他说的问老师，孩子下体育课老师的第一反应是什么。其实，老师的举动就能反映老师是关心孩子还是不管（孩子）。但是我要是遇到这种情况，我就会直接问。	M–R–F–Rj
00：06：20	钱博士	你会直接问什么？	M–FQ–F–If
00：06：24	周军	我一般不会问这个问题。	M–I–F–If
00：06：33	王媛	可能男士比女士……，没有女士心细。	M–I–F–A
00：06：51	周军	也不是。你看我自己当班主任的时候，如果刚上完体育课，赶上吃饭，我就会说，你们先稍微平静一下再去吃饭。我自己做吧，我能做出来。让我提问的话，我就没觉得这是一个什么问题。	M–E–F–Rj

| 00：07：18 | 钱博士 | 这个可以讨论。可能，你自身的感受非常重要，但是在一定时候要把自身的体验"拉开"。 | M-E-F-Rj |

符号注释

话语方法（M）	话语功能（F）
质疑（Q）	发起话题（C）
追问（FQ）	话题边界/扭转话题（B）
解释（I）	接受（A）
回应（R）	拒绝（Rj）
评价（E）	提供信息（If）

　　在这个片段中，小组教师使用了解释自己的思路、对对方做出回应或解释等策略。钱博士则更多给予了评价。虽然钱博士也尝试追问，但显然教师并没有沿着钱博士的引导思路走下去。

　　两种截然不同的思维方式，在片段分析 1 中并没有产生太大的冲突。但是，两者在日后能够交流吗？接下来，我选取了光明小学教师科研小组活动的中期会议记录作为分析材料。在这次会议上，教师的"抵抗"显得格外清晰（见表 5.4）。

表 5.4　教师科研小组片段分析 2

片段分析 2			
时间：2014 年 12 月 2 日　　主题：讨论科研活动的汇报情况			
00：23：51	钱博士	后天的开题会，你们愿不愿意发言？	M-Q-F-C
00：23：53	周军	如果我们说的是我们真实的感受，不排除参会的有一些组长，就会认为我们"出卖"了他们，我的第一反应就是这个。咱们一开始就商量过这个问题，咱们只是内部讨论，包括我们互相之间也没有听别人的录音。如果真要在会上去讲，我的科研能力没有这么高，我就用我的粗实的大白话说，我觉得下一步工作我可能就不太好做了。	M-R-F-Rj

续表

00:25:01	王思	我觉得我们组现在的材料还很少，提炼还是有一定困难的，经常还是有个人的色彩（在里面）。所以采访的资料还是太少了。虽然每个人采访了3个人，但是我们之间没有沟通。我们还需要更多的资料和更好的技巧，（这样）会好一点。可能到中期会好，现在刚一开头就让我们提炼，我觉得还不是很到位。而且时间也太紧了。如果太仓促可能也不好。	M-R-F-Rj
00:26:05	刘忠	如果光从访谈资料来提炼的话，对我来说有一定的难度。您听到一句话就能提炼出主题，比如刚才侯云的例子。但是对于我们来说从资料里面提还是……	M-R-F-Rj
00:26:48	侯云	如果让我说，我可能激动得找不着北了。	M-R-F-Rj
00:27:11	王媛	我和大家一样吧，不愿意说。觉得自己学习得不够深入，说出来的太浅薄了，耽误时间。	M-R-F-Rj
00:27:35	钱博士	赵校长，我刚才问了大家的意见，他们5个一致的意见是不愿意发言。	M-E-F-B
00:28:40	赵校长	大家不能一直"潜伏"……。有没有一个细节是，如果没有这个课题，我可能不会这么想的，有这种细节吗？	M-Q-F-C

符号注释

话语方法（M）	话语功能（F）
质疑（Q）	发起话题（C）
追问（FQ）	话题边界/扭转话题（B）
解释（I）	接受（A）
回应（R）	拒绝（Rj）
评价（E）	提供信息（If）

从上述的对话片段来看，通过话语的功能结构分析我们发现，5位教师对于钱博士的提议——分享参与科研小组的收获——大多持有防御与抵抗的态度。从 2014 年 10 月至 12 月，将近一个学期的时间里，光明小学的 6 位教师（包括校长）已经通过学习科学研究的基本知识、实地操练做访谈等活动，学习了校本研究的基本方法。但是在这个过程中，教师对于实际工作的"热忱"和研究者所需要的"冷静"之间发生了矛盾（见表 5.5）。

表 5.5　教师科研小组片段分析 3

片段分析 3			
时间：2014 年 12 月 9 日　　主题：学习分析研究资料			
00：51：38	王媛	我们怎么去概括？就从这 3 页纸？	M-Q-F-C
00：51：40	钱博士	提炼的时候我们并不是带着空空的脑袋去的。我们看经验和现象的关系模式，我们看它们的互动。我们的提炼还要与我们的研究问题关联起来。	M-I-F-If
00：52：50	王媛	那您能不能给我们归归类？	M-FQ-F-C
00：52：55	钱博士	我们访谈提纲中的部分（内容）就是呀。	M-R-F-If
00：53：05	王媛	那这样就很难，没办法从访谈的 3 个人中提炼。	M-R-F-Rj
00：53：07	钱博士	那有相同的呀。	M-R-F-Rj
00：53：10	王媛	那就很少了啊。	M-R-F-Rj
00：53：11	钱博士	那不一定啊。	M-R-F-Rj
00：53：14	王媛	我这个很少，我怎么办？	M-FQ-F-C
00：53：17	钱博士	我看到你的东西很多啊，相同的。	M-E-F-Rj
00：53：19	王媛	我自己觉得很少！	M-R-F-Rj

续表

00：53：22	钱博士	你别急，因为咱们还要做下一步的访谈，还有咱们共同的研讨……。还有问题吗？	M-E-F-B

符号注释

话语方法（M）	话语功能（F）
质疑（Q）	发起话题（C）
追问（FQ）	话题边界/扭转话题（B）
解释（I）	接受（A）
回应（R）	拒绝（Rj）
评价（E）	提供信息（If）

三级矛盾的出现源于对新的行为或思维模式的抵抗（见图 5.10）。对于光明小学教师科研小组来说，起初在发生一级矛盾的时候，展现出来的是发展需求与工作制度的冲突；当钱博士介入校本研究活动，并引入一种新的思维方式来尝试分析教师工作文化的问题时，教师与大学专家在思维结构上的差异集中体现为他们话语方式的不同。此时，我们说共同体进入了双重束缚的状态——"我们该怎么办？"

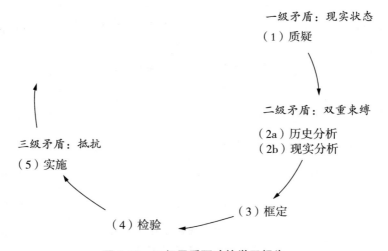

图 5.10　三级矛盾驱动的学习行为

钱博士认为，这是由思维方式的不同导致的，教师应该学会"系统思考"。由此，新的行动方案或模式建立起来了——钱博士鼓励教师多质疑、多反思，并通过撰写反思日志、做中短期总结来固化自己的学习收获和认识。

在本部分的分析中，我们看到，从2014年秋季学期的合作伊始，到学期即将结束之际，教师始终不能完全接纳钱博士提出的"系统思考"与"学会反思"。这也印证了，不论是外在的专家介入还是教育政策的指引，它们对于教师个人的工作来说都是"外在的"要素，都不能顺理成章地改变教师的工作习惯。而这些工作习惯或者教师自己独有的对教育教学工作的理解正是他们原有的实践性知识。

至此，我们的研究主题逐渐在本章的案例中浮出水面：教师的实践性知识除了指导教师的日常教育教学工作之外，也会成为教师固守自身认识并与外部介入进行抵抗和协商的"知识武器"。因此，在承认甚至宣扬实践性知识对于教师的专业发展和教师的在职教育如何重要的同时，我们也应该看到，发展的教师（developing teacher）的关键之一也在于优化和更新自身的实践性知识，这也正是本书着力探讨之处。[①]

片段分析2被看作新方案引入的起点：请教师主动反思，而不仅仅参与科研小组的会议活动。撰写反思日志，被看作教师学习科研、转变思维方式的重要一步。在不少研究中，教师的反思性实践被看作"教师作为研究者"的重要行动特质（Boud，2001）。

---

① "教师的实践性知识一定是好的吗？基于教师工作经验的知识一定优先于理论吗？"在我们从事教师实践性知识研究的过程中，总会收到类似这样的质疑，并从本体论上批判了教师实践性知识的合法性。我认为，教师（实践性）知识的研究，其目的并非在于对上述问题做出判断，而是看到教师在实践现场中的学习，并通过教师自导性的专业发展与学习重新规定教师成长的可能性。这才是教师实践性知识研究的落脚点。当然，从本章案例来看，教师的实践性知识因为与其工作的日常环境密切相关，所以会与改革的新话语发生冲突。因此，优化教师固有的实践性知识，将成为推行教育改革的重要突破口。

通过对上述三个片段中教师话语功能的频次分析，我发现，截至前半学期，随着时间的推移，教师从最初的"不理解"转变为"不接受"，即抵抗钱博士所提出的观点（见图 5.11）。在传统的教师教育研究看来，一线教师对"先进"教育理念的抵制是他们"保守性"的体现（Lortie，1975）。然而，在本书中，我认为教师的抵抗正是他们主体性的体现，也正表现为他们的实践性知识，即一种基于"实做"（doing）的教师文化及其背后所体现的指向现实问题解决的行动逻辑和价值诉求。

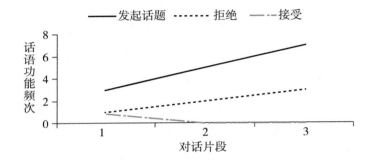

图 5.11　教师科研小组话语的功能频次分析

当新的方案被引入教师科研小组的工作中时，教师的"抵抗"凝结为集体的拒绝。在片段分析 2 中，5 位教师对于钱博士的提议做出了回应，但最终的结果依然是拒绝。但是在我看来，这样的"反抗"具有两重意义：（1）外显了教师原有的实践性知识；（2）能够勇敢地表达自己的想法，做出对理论知识权威的反抗，这正说明教师已经开始了反思并彰显了自己的主体性。例如，片段分析 3 就集中体现了教师对于具体问题的追问，在这个过程中，话语的结构与功能出现了很大的转变，教师的反思与质疑能力在新模式的实施过程中开始建立。而上述两重意义的揭示，有助于我们深入探讨下一阶段的教师学习行为，并观察教师是如何对"抵抗"行为进行反思，并深度追问自身的思维方式和心智模式的。

4. 四级矛盾

　　四级矛盾指的是核心活动系统与邻近活动系统之间的矛盾。在本章案例中，光明小学的教师与外来专家逐渐形成了活动共同体，当他们利用对话、撰写反思日志等方式来推动自己学习新的思维方式时，双方在三级矛盾中的冲突就使两种思维模式（实做的思维与反思性思维）逐渐融为一体。

　　当教师与介入者形成的共同体逐渐推广这种新的教师发展模式时，他们会面临临近系统和主体的冲击。这里的临近系统，可以是光明小学内部未参加科研活动的教师群体，可以是学校其他方面的管理制度或学区层面的教育制度，也可以是周边的社区、法律与文化环境。

　　在本章的案例中，钱博士的介入从起初的困难到后来的有所改善，缘于他发现了教师科研小组的"变革基质"，即心智模式的差异。由此，钱博士鼓励教师通过撰写反思日志来达成思维模式的转化，以此更新教师的实践性知识。接下来，我将重点分析"反思日志"作为优化共同体活动的新方案所起到的作用。我采用文化-历史活动理论中的"中介"概念来界定"反思日志"的角色，并分析写作行为对于思维方式的改变作用（见图 5.12）。

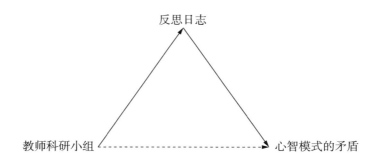

图 5.12　反思日志作为教师思维变革的中介

　　写作，不只是对知识或观点的传递，更是对自我极为细致的审查和反思（Hillcocks Jr.，1995）。这是一种认识自我的方式，也是一种认知的方式（a way of knowing）（Richardson，2006）。因此，我会将教师撰写的反思日志看作重要的中介工具，教师新的实践性知识借此得以生成。在本章的案例中，研究小组的教师通过撰写反思日志帮助自己反思并凝练在学做研究过程中的所学。特别是在三级矛盾推动的新方案的实施过程中，反思日志成为教师转变思维模式的重要工具。当然，在开展校本研究活动的过程中，多方的对话、多重声音的交织以及相应研究工具的实际操作等都可以被看作教师生成实践性知识的中介工具。但在本章中，我们只对其中最为重要的中介——反思日志——加以分析。

对光明小学这样的普通学校来说，写反思日志并没有进入教师日常工作的环节。

研究者：您在什么时候会写反思？

周军：学校布置任务的时候写，平时不写。像我们，学期末学校要求上交2篇反思，有的老师就只有这个时候写，平时他不写。……从学校的角度看，我觉得这也（应该）是日常教学的一部分。但是我希望教师写反思是自发的，而不是为了应对上交材料（的任务）被动地写的。

（2014-12-09，访谈）

那么，写反思日志对教师来说到底意味着什么呢？奥森（Olson，1995）认为，写作是一种身体化的实践。写作的时候，书写者会用他们个体的经验来阐释并实现他们的叙事权威（narrative authority）。写作，可以帮助教师的思维从参与科研活动转化到反思自我与他人的参与行为本身上，这是一种思维层次的跳跃。已有不少学者指出，写日志是帮助我们深化反思的有效途径（Boud，2001）。而将个人的日志与同行分享交流，由此所收获的正向反馈能够加深个人的自反性。光明小学教师科研小组的反思日志是可公开交流的。布莱顿等人（Brinton，Holten，Goodwin，1993）将这种可以公开交流的日志称作对话性的日志

（dialogic journals），并认为它能够帮助教师成长。另外，科尔等人（Cole et al.，1998）在研究中也使用了交互性的小组日志。

反思日志的写作及时记录了教师工作中经历的事件，表达了教师的想法，也是一种心理疗愈的方法。姆恩（Moon，1999：188-194）提出了写作反思日志的几个目的：提升学习的质量，用一种批判性反思的方式发展一种质疑的态度；使学习者理解他们的学习过程；增强参与的积极性以及个人归属感；改善专业实践工作并提升实践中的专业自我；加强一种自我导向的、自我赋权的价值；通过利用自己的本能性理解提升自己的创造性；自由地写作，表现性学习；为那些不善于表达自我的人提供一个可供选择的机会；推进群体中个体之间的反思与创造性的交互。

关于引导教师写作反思日志，介入者钱博士曾在一次科研活动会议上与小组成员有如下对话。

侯云：我觉得，像教学经验，教师应该（把它）内化到自己的身体里面去，以后就不会再犯同样的错误。这才是根本的目的吧？并不是说我犯错误了，把它写下来，但是下次还是犯错误，这就是没有用的。一个好的老师，如果他犯（过）一个错误，下次就不会再犯（同样的错误）。

钱博士：我明白，侯云。我的意思是，比如在你们体育组，或者你自己，你感觉这个东西是什么？你会主动反思吗？

侯云：我会分析我哪点好，但是我不会写。

钱博士：那你们组呢？有没有人主动写？

侯云：没有。

钱博士：你们两个呢？

王媛：我现在做的就是教学反思和班级管理方面的（工作），我第一年做班主任，所以我还是会比较懒散地、不成规矩地（把它们）

记在我的小本子上，每天可能会记一两点。然后有时候我会把它翻回来看看：哦，我这一点改进了。这对我来说是积累经验吧。但是做得不成方圆，像是随笔，语言也是特别地（不规范）……

钱博士：你为什么把自己的（反思日志）界定为"不成方圆"的？那什么是正规的？

王媛：比如说，学校要求我们新老师手写教案，这个是正规的，因为是要给别人看的，但是反思是我自己看的，所以字迹也特别潦草，语言也不是特别通顺，但是我自己能看得懂。

钱博士：那你们组的其他老师呢？

王媛：不太了解。没有时间观察别人。呵呵。

钱博士：刘忠呢？

刘忠：有些（时候写），就是在犯错误和出问题的时候写。不过有的老师，有经验的，会给你一些提醒，（这些）也（会）适当地记一下。有的用笔头记，有的就记在脑子里了。

（2014-11-15，访谈）

从钱博士与三位老师的对话中，我们可以看出，撰写反思日志起初并没有成为光明小学教师的习惯，甚至在某种程度上教师会因为"没时间""没效用"等理由对撰写反思日志产生反感。国外学者列文森（Lewison，1999）也承认，让教师坚持写反思日志对研究者来说是一件困难的事。在教师教育领域，反思日志虽然在近些年得到了广泛运用，但是如何在实施中推进，依然有待探讨。尽管如此，钱博士还是极力提倡教师通过文本的方式总结自己参加校本研究活动的收获与困惑。

有学者将反思看作"个体探索经验的智力和情感活动"，该活动能"将个体引向一种新的理解"（Boud，Keogh，Walker，1985）。钱博士请教师在参与校本研究活动的近一年时间内写了三次反思日志，分别在研究活动前、中、后期，形式均为手写。这是一种开放性写作，只需要让参与活动的教师写下自己感受最深的一点即可。在对比了他们在三个不同时期的反思日志后，我们能够发现教师学习行为的发生。我认为，反思日志既能够以文本的形式表征教师学习的成果，同时又可以作为中介物将教师引向深层学习（见图5.12）。下面是两位教师撰写的反思日志，我们能够看到，反思日志作为一种写作式的学习方式，对于教师"跳出来"反思自己的教育教学工作是很有意义的。

　　本次课题研究使我获得了更深层次的学习。以前我也读过一些专家的科研结果，感觉科研其实很简单，就是针对一些现实存在的问题，通过调研、论证、个案分析，进而得出结论，再加入一些自己的想法就可以了。但是深入研究后，我才发现（科研）和我之前的认识截然不同，想和做还是有差距的。

　　首先就是制订访谈计划。在制订计划初期，我觉得只要针对需要访谈的问题，简单地问一问，然后再加以分析就可以了。可是在讨论过程中我才发现，要想把一个问题问得透彻，从老师们口中得到他们真实的想法，其实并不是那么简单的。有的问题，我们直接问就可得到答案；而有的问题，我们需要设计一些相关联的环节性问题，从一个侧面来分析出这位被访者的真实感受。

　　在访谈的过程中，我也学会了如何对被访者进行发问，既要阐述清要访谈的问题，同时又不会让被访者感到受到了诱导，更关键的是我学会了如何在访谈的过程中，针对访谈的问题加以追问，使被访者既不会感觉有心理压力，又能够吐露心声。

　　在第一次对访谈资料进行整理的过程中，我对访谈的内容进行了整理，简要地记录在案。而在摘录的过程中，由于我进行了再加工，把访谈的记录完全改成了我自己的理解实录，改变了被访者的真实意愿，同时又加入了个人情感，所以使得结果失去了真实性。在科研小组成员的帮助下，我知道了要以实录的方式进行整理，不能掺杂自己的感受。

我们如何以一个研究者的身份进行访谈，这是我现在的一个困惑。在访谈的初期，我总能意识到自己在进行研究，发问的方式也能够做到置身事外，但是进行的过程中，我总感觉有些问题的追问掺杂了自己的个人情感，而且在对访谈进行讨论的过程中，我又总是以我理解的老师们的感受去加以分析。钱博士提到阐述问题要言之有据，但是如何做到言之有据，这是我现在的一个困惑所在，还需要日后进一步学习、实践。

（2014-12-16，实物：周军反思日志）

作为学校的一名新的教师成员，刚开始被要求参加科研小组的时候，有些受宠若惊的感觉。但是很快这种感觉就变成压力。我在本科和研究生期间学的都是体育教育专业，对于自己本专业的知识可能熟悉一些，对我们的课题却非常陌生，我根本不知道从何入手，也不知道自己能为科研小组做些什么。后来随着课题研究工作的深入开展，我才慢慢地感受到了科研小组的研究是非常灵活多样的，我们研究教师文化其实就是在研究自己的工作。在科研小组中努力工作和付出的同时，我感到自身得到了很快的发展。

给我印象最深刻的是一次科研小组的工作坊，工作坊的主题是"教师意味着什么"，工作坊要求每一位科研小组成员回忆从小学到高中对自己的学习最有帮助的三件事，然后选取一件事情以讲故事的形式分享给大家，听完后每个人都对这个故事进行评价。在这个过程中我回忆了我的小学、初中和高中的学习和生活，在每一个阶段的确都有自己最难忘的事情。而这些事情早就已经埋在了我的内心深处，我很少会想到自己小时候在上学时印象最深刻的事情，更不会想到这些事情对自己今天的教学有什么样的影响。在工作坊中，我们以故事的形式将自己的经历分享给大家，重新思考这些经历为什么给我们的印象那么深刻，又是如何影响我们现在的教学的，这对于提高我们的反思水平是非常有帮助的。这样的活动是非常独特的，能够让我们每一个人更加真实地反映出具体问题，而且对于我们的实际工作非常有帮助。

所以我感觉科研小组更像是一个相互学习的小组，课题的开展过程使我了解了如何实实在在地去学习科研知识，如何把理论运用到实践中，在实践中如何获得理论的支持，从而达到理论和实践的相互支撑。例如：在对教师做访谈的过程中，我更多地感觉到了与被访者之间的相互学习。虽然现在我对于教师文化与学校治理的理解还处于初级阶段，但是我会不断地充实自己，使自己不断取得进步。

（2014-12-16，实物：侯云反思日志）

拉伯斯基（LaBoskey，1993）提出了一个有力的分析框架，帮助我们理解教师教育中"反思"的运用，该框架可以帮助研究者分析教师的反思日志，也可以帮助教师拓展自己的反思层次。该框架包括反思的四个维度：

- 目的：是什么促成了反思的行为？可能是教师面临的困难、内在的动力、一种控制局面的需要，或者更好地综合处理问题的欲求。
- 背景：哪些结构性因素对反思行为产生了帮助？这些因素可能是反思性任务、同伴、观察者、时间、位置。
- 过程：反思行为的过程是什么？该过程包括问题的设定、手段-目的分析、推广、放开心态、驱动责任感与全身心地投入。
- 内容：反思的焦点是什么？可能包括现实的问题、理论的视角，或者两者的结合。

借助拉伯斯基的分析框架，我们能够看到光明小学教师在参与科研小组活动之后的思维转变。老教师周军与新教师侯云有不同的出发点，周军的反思是对自己学习做科研的经验总结，而侯云则更多联系了自己的专业认同问题。同样在开展校本研究的背景之下，周军的反思过程表现为对学习过程的系统陈述，他对其中重要的转变节点进行了总结，关注了自己如何实现深层学习、如何保持客观与冷静的立场等问题；侯云则看到了科研活动中灵活多样的组织形式，并聚焦一次工作坊的介入活动，以自我为切入点，找到了自己从教的内因。在反思的内容上，两者的焦点却有很多一致性，例如，都关注了理论（说）与实践（做）的辩证关系，也都关注了研究性思维给他们日常工作带来的变化。概言之，反思日志作为中介工具，成为教师转变思维方式的所借之力。

下面我们选取教师在终期总结中的反思，从这些反思中我们可以窥见科研活动对他们的生活与工作带来的影响。青年教师、班主任刘忠谈到：

作为学校的青年教师，我有幸加入这个科研小组进行学习、研究。在课题推进的过程中，我受到很大启发，它对于我的专业成长有很大的帮助，其中最重要的一点就是思维方式的转变，我开始从大局着眼，学着系统地分析问题、认识问题。

这个收获来源于大家共同设计访谈提纲这一环节。在设计的过程中，大家由不懂方法变得逐渐掌握要领，由零乱破碎地思维变成系统地梳理。最终形成了更加精练、准确、结构化的访谈提纲。这个过程让我学会了系统性思维。这种系统的思维方法帮助我反思自己的教学，我发现系统性教学可以成为教学的重点。

在之前的教学工作中，我的教学可能缺乏系统性，虽然读了一些理论书籍但是还是不得要领。通过参与课题，我转变了自己的思维方式，重新理解了自己的教学应该如何做到系统化。在这之前，我并没有很好地做到把教学看作一个整体的系统，而是将备课、上课、布置与批改作业、对学业成绩的检查评定这些环节单独割裂开，自己认为重要的地方着重准备，同时也没有很好地将单元知识点与整本教材进行衔接，对课内知识与课外知识的关联关注不够。

通过参与课题研究，我初步学会了系统思维，我学着梳理自己的教学思路，并进行了认真的反思。在教学中，我开始逐步考虑每个教学环节之间的关系及其对学生的影响，努力从全局出发，争取做到系统地进行教学活动。在给学生讲课时，我的教学会涉及对本课知识点与单元的关系的处理；做单元复习时，我也会梳理单元与教材的相互关系，尽量做到让学生系统理解知识；在课内外知识的转化方面，我也注意教材与生活间的联系，尽量让学生学会教材（的内容），尽量做到将教材活学活用。这种思维方式的转变对于我这样一个新教师来说，帮助非常大。

（2015-06-25，实物：刘忠反思日志）

青年教师王媛在学做科研的过程中发现，与有经验的教师的交流，促进了自己专业上的成长，特别是让自己意识到了小学教师在处理家校关系上的重要责任：

在研究初期，我们首先学习了"如何编制访谈提纲以及如何开展实地访谈"。在访谈过程中，不同学科、不同教龄的老师都十分乐于与我分享他们的教学经验和感悟，通过访谈的机会我与其他老师有了更深入的交流，特别是在专业发展方面。在访谈中，让我印象比较深刻的是一位老师关于学生、老师、家长三者之间关系的阐述。她说："学生、家长、老师之间的关系就如同儿童学车，老师和家长是支撑车平衡的两边的小轱辘，孩子遇到困难了，不管往哪边倒，哪边都会扶他一把，孩子在慢慢学习中，在老师、家长的通力配合辅助下，最终撤掉小轱辘学会独立。"谈话中我收获了超出书本的教学经验，（它们）使我能够更好地解决工作当中遇到的困惑。像这样的话语和观点在采访中不胜枚举，老师们的这些真实的经验与生动的比喻，都透露出他们独特的人格魅力，闪耀着思想的火花。一次次的谈话，于我而言，不仅是在对课题研究做必要的数据采集，而且也帮助我获得了自己教学方法与教育理念上宝贵的财富，我受益匪浅。

（2015-06-25，实物：王媛反思日志）

5. 小结

至此，我们可以将教师学习行为，即他们实践性知识生成的全过程用图 5.13 的循环圈圆满勾勒出来。教师实践性知识的生成过程，也是他们专业学习的过程。在此过程中，光明小学内部的矛盾、光明小学教师与外来专家的矛盾、实践工作与科学研究思维方式的矛盾以及科研小组与周边临近系统的矛盾等，是推动教师学习行为发生的重要动力，也是促成教师反思，即掌握研究性思维的重要基础。因此，我将本案例中教师实践性知识的生成过程概括为"矛盾驱动的循环模式"。在写作本章之时，光明小学教师科研小组的活动依然在有序推进，拓展性学习的循环圈保持着开放和动态变化。

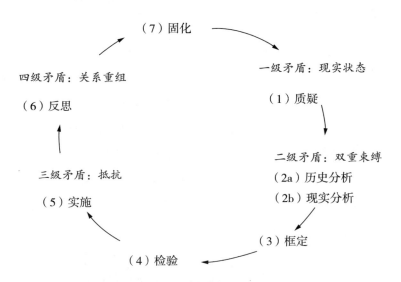

图 5.13　教师实践性知识的循环式生成机制

在这个过程中，三级矛盾是重要的转折点，是共同体从对问题的实证分析走向理论抽象的关键。在文化-历史活动理论背景下，我用"基质"的概念来类比理论抽象的结果。特别是在拓展性学习的循环圈中，只有找到了共同体活动的"胚胎细胞"，即抽象出根本矛盾，才能推进组织的学习与变革。"胚胎细胞"在文化-历史活动理论中是一个独特的术语，它意在指代活动系统中的最小的分析单位，它能够反映整个活动系统的全部特征，并内聚活动目标的核心矛盾（Engeström，2004）。在前文中，我曾经提出，根据达维多夫"从抽象到具体"的方法论原则，找到组织活动的"胚胎细胞"，即问题的关键所在，也就找到了"抽象"。

三、教师实践性知识的生成结果

梅耶尔等人（Meijer et al.，2013）总结了教师从事研究过程中呈现的五类学习结果（见图 5.14）。我将它们看作从研究实践中来并能够指引教师实践的知识成果。这五类结果最初由安德森和赫尔（Anderson，Herr，1999）提出，后来被越来越多的学者认可和验证（James，Worrall，2000；Newton，Burgess，2008）。

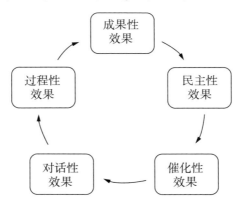

图 5.14　教师学习的结果

斯滕豪斯在 20 世纪 70 年代提出 "教师作为研究者" 的理念之后，进一步明确了该理念之下教师应有的四个承诺（commitment）：

- 对教学时有关专业发展的基本问题进行系统探究（systematic questioning）；
- 热衷并有能力研究自己的教学；
- 在实践中检验理论的关怀；
- 能够以开放的心态、充足的准备迎接同事对自己工作的观察与批评。（Stenhouse，1975：144）

这四个承诺可以基本对应图 5.14 中所示的五种教师专业学习的结果。为了捕捉光明小学教师在不同维度上的专业学习结果，我在每次科研小组会议之后，都会主要向参与科研小组的教师们提出如下问题：

- 参加今天的会议你感觉如何？
- 你学到了什么？
- 你认同什么？不认同什么？
- 你是否会将今天的收获运用到自己的工作中？

通过上述即时的访谈，我收集到了参与科研活动的教师的收获和反馈。根据图 5.14 中的教师学习结果的分析框架，我将对这五类结果进行如下分析，并将其作为教师实践性知识生成的成果。校本研究活动对教师实践性知识的贡献，主要通过活动后的即时访谈与三次反思日志得以反映。由于教师实践性知识的生成结果可以通过教师的反思日志得以固化，因此，反思日志在这里不仅仅是教师实践性知识生成的重要中介工具，也是对下一阶段学习的储备。

（一）成果性效果

成果性效果指的是教师在经过了科研活动之后，能在多大程度上解决自己在学校工作中面临的问题。光明小学组建教师科研小组的初衷，正在于让教师以一种研究的态度来促进自身的专业发展。因此，成果性效果可以等同于研究项目的成果。换句话说，在光明小学的环境之中，成果性效果主要指向教师文化和对专业发展方向的改进。通过合作，教师们发现了自己在专业发展方向上的变化。下面是新手教师王媛的收获：

> 作为一名青年教师，能够用这次的课题不断地学习积累，并对自己学校的发展做出一些努力，是不可多得的机遇。自开展课题研究以来，学校为了弥补我们理论知识的不足，第一时间购买了相关书籍，更是请来了《教师如何作质的研究》一书的作者陈向明老师对我们进行面对面的解疑释惑。我们深知科学的理论对实践的指导作用，所以更不敢怠慢，认真学习，充实自己。项目进行至今，我也深感自身能力的贫乏与不足，具体说来，对于如何从教师的谈话材料中提取有价值的研究点，我还没有找到有效的方法。理论基础还需要不断夯实。

> （2014-12-09，观察：教师会议实录）

（二）过程性效果

过程性效果指的是，教师在从事研究活动的过程中，对所面临的问题在多大程度上进行了重新的框定，以及研究活动是否持续进行。这样一种过程性的反思包括对最初问题的重新界定，也包括对参与者基本假设的批判性反思。因此，过程性效果主要关注的是问题研究的可持续性。在本案例中，光明小学以形成性介入的方式，通过每周一次的正规例会组织了教师的科研活动。王思作为科研小组的协调员，对整个活动的过程做出了如下反思：

> 我们的科研小组是因为学校课题而结缘的一个教师团队。在钱博

士的引领和帮助下，我们逐步形成了教师学习共同体，共同开展学校课题研究。……第一次开展科研活动时，大家以科研小组成员的身份聚在一起，每一位成员的脸上都写着两个字——"茫然"。我们不愿辜负学校的信任，于是顶着压力，走上这条注定辛苦和艰辛的科研之路。从 10 月 14 日开始，每一个周二的下午，我们结束了一天的教育教学工作之后，马上聚集在一起，开展课题研究，一起加班到晚上七八点钟。我们从解读课题、阅读文献开始学习，从讨论什么是提纲和设计访谈提纲开始练习，从第一次紧张得结结巴巴的访谈开始做起。

短短的两个月时间里，我们研讨学习了 8 次，共计 30 多个小时。设计访谈提纲 15 份，研讨修改了 3 轮，最终定稿。目前已经访谈教师 20 人，录音时长共计 30 多个小时，整理文字资料约 35 万字。

（2014-12-16，实物：王思反思日志）

（三）民主性效果

根据安德森和赫尔的观点，民主性效果主要指的是不同身份、不同地位的参与者在多大程度上投入了科研活动。成果性效果主要关注的是教师科研活动的结果在多大程度上解决了现实的问题；而民主性效果则主要关注的是多重声音和不同的观点是否得到了充分的包容和接纳（Anderson，Herr，1999）。在光明小学，教师科研活动以团队合作的方式推进，不同的利益群体在科研活动的过程中得到了充分的考虑。所有的团队成员都被看作该共同体的局内人。

在学习收集调研数据的过程中，科研小组经历了不小的冲突。在机制分析过程中，我们对该矛盾做出了详细的分析。在这个阶段，介入者钱博士对自己的身份、行为进行了公开的反思，并在活动例会中暴露了自己作为大学专家的不足，放下介入者身上的"权威意识"，并达成了民主性的互动效果。

　　我觉得我们这个小组到了一个高原期。大家一开始比较新鲜，有点受累，但是有很大的欣喜，现在再要有较大的突破，就感觉有难度。这是比较正常的。你们已经相当不错了，我们接触了太多研究生和博士生，一个课程下来，有的人还是不开窍。但是你们对类属和属性关系的理解相对比较透。当然，可能因为这些材料我们比较熟。但是，就是因为出东西，所以特别容易形成定论，就要回过头来再做分析。

　　我们遇到一些困难，很正常。这跟我也有关系。我也在反思，我发现我之前做的都是理论研究，虽然也上过课，但是高等教育的，对基础教育的实质问题理解不够。另外就是我的语言表达的问题，我还不能非常深入浅出地把一些专业术语或逻辑上严密的、合理的东西转化成日常语言，不单是在这里，在行政会上和在我工作的单位，都有这样的问题。包括对你们分析的东西，我点（评）的时候有些抽象。所以有时候你们点头了，但是更多的时候我也没有能抓住你们的内心吧。就是说，我也需要提高。

　　我说的意思是，我们面临着瓶颈期，我们需要共同努力！

（2014-12-23，观察：教师会议实录）

（四）催化性效果

　　催化性效果主要考察的是教师的研究活动能否以及如何帮助教师重新确定自己的发展方向、焦点，并且赋权于教师，使教师产生转化性的行为（Lather，1986）。在教师从事科学研究的案例中，所有的参与者都应该把自己投入到推进学校发展的进程中。所有的研究活动都应该进一步加深参与者对社会环境的理解。根据安德森和赫尔的观点，最有力的教师研究者，是那些将校本研究活动的收获成功转化到他们的教育教学工作，甚至日常生活中的人（Anderson，Herr，1999）。

　　作为光明小学的校长，同样也是本次校本研究活动的发起人，赵

197

校长在科研小组会议上两次谈到了该活动对教师发展的转化性作用，以及该"转化力"对于当前学校改革的意义：

第一，之所以要有研究人员介入进来，是因为我认为学校里面有相当多的事情是需要通过研究来佐证决策的，学校所有的安排都是以行政的方式灌下去的。学校有些时候应该通过发现问题、研究问题来补充和丰富行政决策，不论谁再当校长，都应该有科学、客观、更加稳定的"外脑"来支持学校的行政决策。所以我的角色定位，就是跟着大家在一起，掌握一种科研能力，我是成员之一。所以大家放下两个包袱，凡是在这个会议上提到的事情，不会影响我的行政干预。大家在学做科研的过程中所有的活动都是为了提升我们的能力。第二，我是一个行政人员。咱们这个团队将要形成一致的观点，经过论证（大家）觉得学校必须要做的，我们借鉴到学校工作中，出现的问题我来承担，但是后续的完善是大家的责任。科研里面我就是团队里的七分之一，但是到决策的一步，我是以一当十的那个人。所以，刚才钱博士就是在帮助我们透过现象看本质，然后为我们提供一个略微不同的工作思路。所以，我要表态的是，作为研究人员，我会很独立。作为行政人员，我会持续推进研究成果（的实施）。

（2014-10-28，观察：教师会议实录）

我的行政会要给这个活动让路。因为我认为，对于学校来说和对于老师们来说，大家正在做一个很重要的事情，而且这件事已经逾越了一到4:30就下班的（习惯），大家基本上开始接受这个东西了。我觉得这是刚刚形成的习惯，我不愿意破坏它，我宁可更改我的行政会的节奏。那么对你们来说，会不会有了这件事以后，"我"比别人多（获得）了点什么？不管多的是负担还是能力……

（2014-11-25，观察：教师会议实录）

（五）对话性效果

对话性效果指的是参与者可以用一种平等的、对话的方式推进研究活动，并达成一种合作性的探究（Carr, Kemmis, 1986）。有研究者建议，教师科研小组应该形成一种批判性和反思性的对话（Martin, 1987）。当我们强调教师科研小组中的对话性本质的时候，教师的合作就可以达到一种新的境界。

在学做访谈的阶段，数学教师周军在科研小组的帮助下，有机会与自己的同事进行深度交流。这个学习的成果不仅来自于合作小组，而且也来自与光明小学更大范围内教师的对话。周军在访谈中说道：

在课题（研究）初期，我对学校几位老师做了预访谈。通过访谈，我和老师们之间的距离更近了。我是一个平时不善言辞的人，平时与老师们只是说一些学生管理方面的问题，很少和老师们有更深层次的沟通。通过访谈，我和同事们能够深度交流，我发现虽然我与有些老师合作了很多年，自认为很了解他，但其实我认识得还很不够。有些老师心中有着远大的理想，对自己的人生规划也有着高远的目标；而有的老师在对学生的管理方法上，确实有着与众不同的技巧。从这些老师的身上我也学到了很多，尤其是我明确了其实我要学的东西还有很多，这些是在日常交流中很少涉及的方面……

（2014-12-02，访谈）

（六）总结

光明小学教师科研小组在成果性效果、过程性效果、民主性效果、催化性效果、对话性效果五个维度上的学习成效，受到教师反思活动的中介作用。教师通过撰写日志，把行动思维与工作文化的改变记录下来，并以一种固化的方式促进反思的实现，而大学专家与一线教师双方主体性的萌发和碰撞使民主的交流氛围得到营造。

格罗斯曼（Grossman，2009）曾经归纳出四个层面的反思：基于内容的反思、元认知的反思、自我负责（Kegan，1994）[①]、转化性反思。通过对该案例的分析，我们发现教师的反思层次在不断加深，从关注教学，到关注教育活动，到关注专业发展，再到对专业的深度认同，等等。正如赵校长在一个学期之后的总结会议上所说的：

> 我们的科研小组也逐步形成了教师学习共同体。我们的老师，不仅肯吃苦、肯学习，还有非常开放的心态，只要是探讨课题，我们知无不言、言无不尽，在发表自己见解的同时，也会与不同观点的老师进行辩论，甚至非常激烈，这也是我们加班时间长的原因之一。在一次次的团队研讨中，我们分享资源，启迪智慧。大家在这个团队中，不仅仅学习专业知识、开展课题研究，还建立了情感支持、相互的关爱。感恩节，我们在微信群里表达对同伴的赞赏、肯定和真挚的感谢，感谢彼此之间的帮助和支持。

> （2015-02-18，观察：教师会议实录）

有介入，才有可能发生拓展性学习，否则就只能是同水平重复。因此，我们在建议教师基于工作现场学习的时候，不能忽视外来的介入力量，这种力量可能是有形的专家带来的，也有可能是无形的政策话语带来的。在本章案例中，钱博士的介入从一开始的困难与冲突不断，到后来的"示弱"与"对话"，不断推进着科研小组教师的专业学习以及实践性知识的生成。科研小组协调教师王思的变化可以印证这一点。

　　我一开始参加课题的目的就是学习。我参加这个课题之前被学校

---

① 自我负责指的是一种理想的状态，一种内在的个人认同，在这种状态下个体通过与外在的社会价值、信念协商，最终实现个人的权威性（Kegan，1994）。

派出去在外面学习，我觉得这个过程很好，这很专业，但是我总是感觉学得不是特别清楚，很多理论性的东西学得不是很清楚。参与了这个校本课题之后，钱博士带着我们一步步做访谈，这是我学习中的特别好的实践。而且这个团队给我的信息都是非常真实的，每一步都很扎实，每一步的过程都很清楚，都是我们亲身经历的。而且这个团队给了我很多的支持。钱博士给我提供了很多文献，我写了一份开题报告，很顺利地就通过了，让我豁然开朗。我还让语文老师刘忠帮我梳理了一下，很流畅。因此，我一方面得到了真正的指导，学到了研究的方法；另一方面得到了真正专业上的支持和情感上的支持，所以我觉得特别好！比我预期的简单的学习得到的东西更多一些。

　　研究过程中，我不得不去关注我周围的老师、领导对于某件事情的反应。我原来不太喜欢关注这些东西，觉得做好自己的事情就可以了。我看到了很多好的东西，很多老师默默地工作，他们的经验很好，虽然他们没有去交流，但是他们自己做得很到位。但是也有一些事情让我看到学校在管理上有很多欠缺的地方，比如责任感、合作的意识等。所以，我觉得科研还是很有意义的，如果我们了解清楚了问题并提出（解决）措施，是很有意义的。

　　在这个过程中，（我）一会儿觉得很兴奋，一会儿又觉得有点纠结，反反复复，但是做起来还是很有意思的。你能感觉到，还是有很多困难吧，往下发展下去还是有很多问题。好在（有）团队还有外脑的支持，因此很多事情在后续可以解决。

（2014-12-02，访谈）

　　有研究者指出，以研究的方式来思考和解决教育教学中出现的新情况、新问题既是基础教育新课程改革和教育综合治理对中小学教师提出的一个基本要求，也是中小学教师从事教育科研的主要目的所在。大学专家通过引入研究性思维，帮助中小学教师突破传统思维模式束

缚，改变他们习惯了的教育教学及管理行为方式。在从事教育科研的
具体过程中，中小学教师常常发出"教学原来可以这样设计""家长
原来可以参与到学校管理中来""教育改革原来如此复杂"等诸多感
慨。而这些心得感悟对他们生成新的教育理念，并从根本上提高教育
教学及管理质量不无裨益（褚远辉，2016）。

四、本章小结

诺丁斯（Noddings，1989）曾经指出，对教师教育的研究过少关
注教师共同体及其同僚关系。她强调教师研究中的合作，应该把每
个人都看作探究过程的参与者。本章的案例就呈现了这样一种可能
性，通过呈现大学专家与中小学教师、不同学科的教师、不同职务
的教师之间的互动，打开了教师专业学习的可能性。本章在开篇就
已经论证了合作的情境对于教师专业学习的重要性。在同僚合作的
环境之下，教师能够分享自己的教学经验，接纳他人的建议，并推
进自己的反思。

本章通过教师学做研究的情境分析，全面还原了教师实践性知识
生成的过程与动态机制。与以往研究所持的批判立场不同，本章发现
了教师在从事校本研究活动中学到的更为缄默、需个体（与集体）反
思方能获得的实践性知识。虽然大学专家介入了教师科研活动，但是
在具体的研究活动的开展过程中，教师依旧充分利用了各种中介工具
帮助自己发展知识，充分体现了其在工作情境中的主体性。我认为，
本研究的结论比先前研究中那些过于批判的立场更具现实价值和指导
意义。

此外，在本章中，教师对介入的抵抗不再是负面的因素，反而是
彰显教师实践性知识的契机。我并不认为教师所有的实践性知识都是
"好"的，否则也就不存在优化和改进的可能。但是，如何采用适合

教师日常工作的方式来介入，如何把教师的改变嵌入对话性的空间中，这是大学研究者和教师教育者值得思考的问题。

卡尔和凯米斯（Carr，Kemmis，1986：124）曾经说过，任何研究活动的首要任务都是引入一种科学的方法来应对教育问题，通过给教师提供相应的技能和资源，使其从所依附的工作习惯和传统中解放出来。这并不是说由于采用了某种理论性的思维方式就要抛弃实践性的思维方式。教师需要抛弃的是一种缺少反思的态度，并以一种批判的、科学的态度建立自己的教育信条。同时，教师在批判已有的教育理念时，并不会完全放弃现有的教育实践的理论。因此，在引入新的工作方式和思维模式时，我们也不能忽视教师原有的实践逻辑。简言之，本章的价值就在于，帮助教师发现自己在日常工作中的主体性，发现自己在不知不觉中对教育教学活动的创造和贡献，由此激发教师对工作的认同感，并不断调整教师在专业共同体和更大的社会范围中的自我定位。更新教师的工作视角，比单方面地批判现有的政策规定、设计多种多样的教师教育模式来得更加实在。

随着知识经济时代的到来，信息更新的速度越来越快，人们面临的问题也越来越复杂和多元。仅仅拥有一定的专门知识已不再成为"专业工作者"的充分条件，专业工作者在信息更新的大潮中也呈现出了"知识乏力"的状态。作为知识工作者的教师，如何重新寻找自身的专业知识基础成为现实问题。

在过去近半个世纪的时间里，从施瓦布在课程研究领域首提"实践"的概念，到"教师知识"与"教师实践性知识"研究的开启，再到国内学者对教师实践性知识的关注，诸多研究者探讨了教师实践性知识的内涵与意义，却对其动态运行机制研究不够。诚然，以动态视角研究知识问题（不论是心理学领域的逻辑推理、哲学领域的认知判断，还是教育学领域的教师知识运作）具有极大的挑战性，但是本书依旧在文化-历史活动理论的支撑之下，对这一跨界难题做出了探索，这一探索能够帮助我们反观教师实践性知识的意义。

在本书开篇，我曾提出四个研究问题，可以简单转述如下：

- 问题一：在真实的教育教学工作中，我们能够界定哪些教师专业学习的典型情境？

- 问题二：上述情境构成了教师实践性知识生成机制的哪些类型？
- 问题三：不同的知识生产过程最终创生了何种实践性知识？
- 问题四：我们如何重新理解教师实践性知识的本质属性？

在对三个案例进行分析和讨论的基础上，紧扣以上四个研究问题，我得出如下三条核心结论：

- 结论一（回应问题一）：教师实践性知识根植于教师与学生、同事以及教师教育者的互动中，反映在课堂教学、集体教研与校本研究三种典型情境中，这些真实的教育教学工作使教师的专业学习与发展成为可能。
- 结论二（回应问题二、问题三）：教师在三种主要情境下与不同群体的互动，具有嵌套式、拓展式与循环式等不同的实践性知识生成机制（见图3.1、图4.1、图5.3），教师实践性知识的生成结果也有不同的侧重，分别指向理解学生、理解教学与理解专业工作三个方面。
- 结论三（回应问题四）：教师的实践性知识不仅是个人的、缄默的知识，它在本质上也是社会文化累积的、被社会文化中介的产物，具有社会性、历史性、群体性与共享性。

本章对研究的核心结论进行详细剖析，最后拓展讨论以下三个议题，作为对本书在学理和实践两个层面的意义的说明：（1）教师专业学习的理念转向；（2）"活动"与教师发展的关系；（3）教师教育改革的可能方向。

一、研究的结论

（一）教师实践性知识生成的情境和机制

在本书中，教师的实践性知识与教师赖以工作的典型情境是不可分割的，不存在无情境的实践，也不存在缺少教师实践的真实情境。因此，我们首先将第一条和第二条结论放在三种实践性知识的生成机制下统一进行讨论，并分别提炼出三种实践性知识生成机制的内涵。

1. 嵌套式生成

嵌套式生成机制主要是在课堂教学的情境之下产生的，取名为"嵌套"的原因在于该系统由两个主体带动的活动系统组合而成，双系统之间呈现出不可分割的嵌套性。

在课堂教学情境中，教师和学生都是主体，这一点完全符合维果茨基的主体性教育思想（龚浩然，黄秀兰，2004：134）。在维果茨基看来，传统的学校教育体制把教育与教学归结为学生被动地接受教师的意图和委托，这从心理学角度来讲是极其荒唐的（维果茨基，2003：104）。维果茨基进一步认为，教学过程涉及三个方面的积极性，即学生的积极性、教师的积极性以及处于它们两者之间的环境的积极性（维果茨基，2003：111），这被国内学者称为维果茨基的"三主体"教育思想（黄秀兰，2014：70）。在嵌套式模型中，教师与学生就是教学情境中的两个主体，而主体之间的劳动分工、规则及各种工具构成了师生互动的重要环境要素，因此该机制是对维果茨基"三主体"教育思想的模型化、图示化。

在案例分析部分，我分别探讨了教师与学生两个系统及其中的问题解决、权力关系、行动规范三个子系统的互动，最终以问题解决子系统为核心，实现了两个系统的交叠。以"分数"教学单元与"面积"教学单元为例,在具体的教学情境中,教师能动性的努力与学生提供的支援性的契机促成了教师实践性知识的生成,这集中体现为师生之间的互动以及双方知识的协商,并最终达成了"以理解为先"的教与学的共享客体。回应本书在第三章提出的推演逻辑,我们可以将课堂教学情境中教师实践性知识的生成机制总结为如下一段话:

> 当处在即时性和复杂性兼具的课堂教学情境中的时候,教师会在自我与学生的不断互动之下,借助教具、学科语言等工具,通过课堂中的问答规范,在教师的知识系统与学生的经验系统之间协商,生成教师对学生的理解,生成言述型与非言述型的实践性知识,让它们帮助教师在教学中将学科教学逻辑与学生心理逻辑结合起来。这是一种师生之间嵌套式的实践性知识生成机制。

2. 拓展式生成

拓展式生成机制主要产生于教师集体教研的情境下。之所以称之为"拓展",是因为该模式在原有的文化-历史活动理论框架之上又添加了"经验"与"现实"两个要素。为何要添加这两个要素呢?教师作为成人学习者,学习的目的性和指向性更强,同时,专业的学习行为往往蕴含着根深蒂固的习惯,因此"经验"与"现实"的因素不可忽视。

此外,我认为,这也对维果茨基的理论以及文化-历史活动理论框架做出了一定的创新。首先,以维果茨基为代表的文化历史学派,将人的高级心理机能全部归结为社会性的因素,甚至认为社会环境是教育过程的全部杠杆(龚浩然,黄秀兰,2004),这就在某种程度上忽视了个体的经验性和独立性。其次,对文化-历史活动理论而言,原有的要素,即主体、客体、工具、共同体、劳动分工和规则,更多关注的是微观环境中的互动。但是,根据维果茨基的理论,"环境"应包括宏观与微观两个层面,特别是宏观环境包含了我们所说的社会性与历史性的维度。因此，基于上述两个方面的考虑，本书在原有的第三代活动理论框架基础上，添加了"经验"与"现实"两个要素，目的是在社会性与个体性、宏观环境与微观环境之间形成平衡。

在案例分析部分，我以数学教研组有关"确定位置"的六轮课例研究为例，以新手教师孙玲为主要考察对象，同时关注教研组集体知识的创生过程，探讨了教师共同体以做研究课为目的的实践性知识的生成。同样，该模式的结论可以总结为如下一段话：

当教师处于集体教研情境的时候，教师共同体会以具体的课例为载体，激活教师各自不同的教学经验。借助对话性言语，教师在不同的角色中形成微观权力互动，在个体与群体之间协商，生成有关教学的表象与本质、借鉴与创新、理念与现实之间相权衡的实践性知识，帮助新手教师增强专业能力，并加深教师群体对教学本质的理解。这是一种教师群体内部共同进行的拓展式的实践性知识生成机制。

3. 循环式生成

前两种模式基于文化-历史活动理论的三角模型，通过拆分整体活动的不同子系统，观察了大系统与子系统之间的关系。在第三个案例中，由于资料收集时间跨度大，涉及的主体除了学校内部的教师外，还有大学的介入者，"形成性介入"的方法论成为第三个案例的亮点。因此，我采用了拓展性学习的循环圈，更加完整、饱满地勾勒出了教师科研小组学做科研后的变化，我将其称为循环式生成机制。

循环式生成机制主要产生于教师从事校本研究活动的情境中。之所以称之为"循环"，是因为教师的工作习惯与研究者的思维有较大的差异，当长期从事中小学教学实践的教师学着用一种理论化的、学术化的、研究性的思维来重新审视他们的专业工作时，巨大的思维冲突便出现了。因此，教师在此情境中的实践性知识生成过程就显得更加困难和复杂，是一个循环往复的过程。我认为，教师从事科研活动，是对以往固有的思维方式的改进，是一种在旧经验与新要求之间的循环，学做科研的经验拓展了教师以往对教育教学工作的认识。

因此，基于上述考虑，本书采用了拓展性学习的循环圈，在该循环圈内部的具体的七个学习行为中，辅之以文化-历史活动理论的三角结构模型进行剖析，以四级矛盾作为驱动力，将教师专业学习的宏观循环与具体的活动要素结合起来。在案例分析部分，我以光明小学教师科研小组近一年的活动为例，分析了他们在大学专家介入的环境下生成有助于改进自己教育教学工作的实践性知识的全过程。为此，我将这种实践性知识的生成机制总结为如下一段话：

> 当教师处于校本研究情境的时候，多学科、多背景的教师在大学介入者的引导下，以学校教师发展面临的共同问题为客体，在四级矛盾的驱动之下，通过质疑、分析、框定、检验、实施、反思与固化等一系列的学习行为，生成了有助于解决现实问题、持续性推进专业反思的知识，同时改善了教师合作的民主性与对话性，最终增强了教师对专业工作的理解。这是一种教师群体与教师教育者协商展开的循环式的实践性知识生成机制。

综上分析，教师实践性知识根植于教师与学生、同事以及教师教育者的互动中，反映在课堂教学、集体教研与校本研究三种典型情境中，这些真实的教育教学工作使教师的专业学习与发展成为可能（结论一）。这里的"互动"，指的是基于共同体的联合活动（collective activity）（Leont'ev，1978）。通过与不同群体的互动，教师会经历嵌套式、拓展式与循环式等不同的实践性知识生成机制，教师实践性知识的生成结果也有不同的侧重，分别指向如何通过理解学生优化课堂教学、如何通过抓住教学的本质来促进专业发展，以及如何通过心智的改变重新理解教师专业工作等三个方面（结论二）。

（二）三种生成机制之间的比较

如果说本书从三个典型案例中提炼了教师实践性知识的三种生成机制，那么为了进一步推进本书的研究结论，就有必要进行跨案例的比较研究（Miles，Huberman，1994）。它能够帮助我们看到教师实践性知识生成的一般路径以及教师实践性知识的本质属性（问题四）。

教师的实践性知识具有较高的情境依赖性，在不同的教育教学微环境之下，教师实践性知识的生成具有三种不同的机制。我们可以将三者之间的差异总结如下（见表6.1）。

表 6.1　教师实践性知识三种生成机制的比较

	嵌套式	拓展式	循环式
主体	两个	以一个为中心	多个
要素	七个核心要素	增加"经验"与"现实"两个要素	具体的学习行为
结果	提升，优化本源	拓展，看到盲区	丰富，更新思维
身份	异质群体	同质群体	异质群体
共享性	教师个体的知识	教师群体的知识	教师群体的知识
图示	见图3.1	见图4.1	见图5.3

从主体来看，嵌套式生成机制具有两个主体，每个主体具有自己的活动系统，但是双方在共同的问题解决的目标之下会发生重叠；拓展式生成机制则聚焦一个主体，其他成员会作为共同体的支持者进行意义解释；循环式生成机制则具有多个主体，不同身份、处境的主体都会进入活动系统，特别是外在介入者的作用更为重要。

从要素来看，嵌套式生成机制中的要素与文化-历史活动理论模型中的要素没有差异；拓展式生成机制中增加了"经验"与"现实"两个要素，将个体经验与现实的宏观结构纳入原先的分析框架中；循环式生成机制则打破了文化-历史活动理论七大要素的限制，更加关注主体学习行为的发生以及相互之间的演进，知识生成的过程更加循环往复。

从结果来看，嵌套式生成机制改善了教师原有的知识系统，是对原有教学内容或方法知识的优化；拓展式生成机制则在共同体多元化的视域下开辟了新的理解维度，帮助教师看到了认识的盲点；循环式生成机制更进一步丰富了"拓展"的内涵，从同质群体相互激发之下的知识拓展，走向了截然不同的思维模式的碰撞，并在长期的循环往复之中促使教师生成新知。

从成员身份来看，嵌套式生成机制由于具有两个主体，因此成员身份是异质性的；而拓展式生成机制以一个主体为核心进行延展，成员身份具有同质性；循环式生成机制之所以能够形成长时间的互动，就是因为群体具有高度异质性。

从知识的共享性来看，嵌套式生成机制由于主体单一，形成的是教师个体的知识；拓展式生成机制更注重共同体的作用，形成了群体的知识；而循环式生成机制即便拥有不同的主体，这些主体也依然具有共享性的实践性知识，这在一定程度上补充说明了案例三中的民主性与对话性效果。

上述差异集中于三种生成机制的图示表征上。嵌套式生成机制的图示表征显得较为紧凑，强调了互动的即时性；拓展式生成机制则将互动的过程延展到了经验与现实的维度；循环式生成机制则在时间的维度上扩展为"过去-现在-未来"的连续体，强调了知识的累积效应。

图6.1从两个维度，即知识生产的即时性与累积性、个体性与集体性，对本书的案例进行了划分。将三个研究案例填入二维坐标中，能够发现教师从个体学习到集体学习之间的最近发展区。

维果茨基认为，人的发展有两种水平：一种是现有水平，指独立活动时所能达到的解决问题的水平；另一种是可能的发展水平，也就是在成人的指导下或与更加有能力的同伴合作之后所能达到的水平。

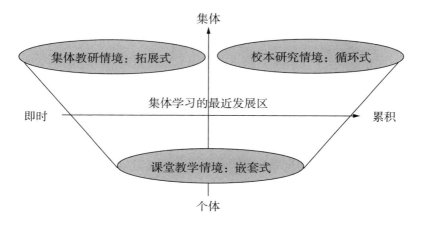

图 6.1 教师实践性知识：从个体走向集体

两者之间的差异空间就是最近发展区（Vygotsky，1978）。

恩格斯托姆在文化–历史活动理论中通过引入"集体"的概念，对维果茨基的最近发展区概念做出了新的解释：

最近发展区是个体当下的日常行为与历史演变之下一种新的社会活动之间的距离。这种新的社会活动是由集体创生的，能够解决日常行为中潜在的双重束缚。（Engeström，1987：138）

图 6.1 可以看作对恩格斯托姆的"最近发展区"概念的一重解读。教师的课堂教学行为虽然由个体独立实施，但是在教研组集体备课和相互听课的帮助下，教师的教学困难得到了很大程度上的解决。同时，校本研究也在更新着教师的思维方式，进而回馈着教师的教学与教研。因此，教师的实践性知识不仅存在于个体的反思中，也存在于集体创生的最近发展区内。从这个角度来说，本书同样对维果茨基"最近发展区"的概念做出了推进，并为恩格斯托姆的概念释读提供了新的证据支持，同时引出了教师实践性知识的文化历史性特点。接下来，我将对教师实践性知识的本质——文化历史性、群体性、共享性——做出深入的讨论。

（三）教师实践性知识的文化历史性

在分析了三种实践性知识生成机制的不同之处后，我们也应该看到它们之间存在一定的共性。首先，三种机制下教师的实践性知识都是在具体的活动中生成的，而且活动都具有目的性和指向性，通常指向问题的解决，在此，实践优先的立场得到了印证；其次，三种机制下教师实践性知识的生成都需要依赖相应的共同体，以及共同体内部的规则和劳动分工，并借助共同体的支持让生成结果从个体知识走向集体知识；再次，三种生成机制都具有时空依赖性，都取决于特定的教育教学情境及其背后的历史性因素；最后，三种机制下实践性知识的生成需要类似的资源支持，例如一定的学科知识和教育学知识基础等。

另外，三种实践性知识的生成机制并不存在时间上的先后或者空间上的分离性。本书仅是为了研究的分析性，才将它们分开论述的。在现实复杂的教师工作情境中，这三种实践性知识的生成机制极有可能是同时出现，并以不同的组合方式交互呈现的。

为了将本书所提的教师实践性知识的生成机制统合起来，我提炼出了图 6.2 的框架。我将教师实践性知识生成的重要环节整合起来，归纳为"问题情境—中介工具—联合活动—知识生成—问题解决—知识更新"的整体机制。

教师实践性知识的生成结果，均依赖于并始于一定的问题。例如，教师在课堂教学情境中，面临的问题是"如何在讲授过程中重构教材内容，使学科教学更加可教、可接受"，在这个问题的背后需要教师对学生及其学习行为有深刻的认识和即时的反应；在集体教研情境中，教师面临的问题是"在实践共同体的背景下，如何实现好的教学"，在这个问题的背后需要教师对自己的特质、身边的资源有清醒的认识，并不断接近教学活动的本质；在校本研究活动中，教师面临的问题则是"如何将教师工作的文化从实做取向转变为反思取向",在与大学专家进行交流的过程中,教师作为实践工作者的行动习惯受到冲击,其背后是如何理解教师工作以及专业身份的问题。

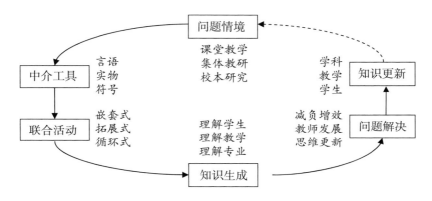

图 6.2　教师实践性知识生成机制的一般化路径

我提炼出的这些问题,反映了教师在工作场所中无法逃离的领域。这些问题是教师在不同的专业学习情境中遭遇的问题,也是这些情境中内含的历史性累积性矛盾。我通过历史分析找到了这些矛盾,并直指教师对问题的处理方法,借助文化-历史活动理论对于人的高级心理机能的观点,将中介工具纳入考察的范畴,带动了整个实践性知识生成机制的描述。而教师所生成的实践性知识,会进一步固化在中介工具中。小到教师课堂的惯用语,大到学校工作的制度规范,都是实践性知识固化的结果。因此,在本书中,中介工具的作用不仅仅是帮助教师搭建从已知到未知(解决问题)的桥梁,教师的实践性知识本身也以"物"① 的形式体现在了中介工具身上。

图 6.2 能够帮助我们看到教师实践性知识生成的整体流程,并将具体的情境及活动放在不同的环节下考虑。我们可以进一步通过对不同的教学现场和典型情境的研究,来丰富上述框架的内涵。以典型情

————————

① 　这里的"物"并非仅指某种实体、也可以是虚体的符号、语言、规则等。

境引领教师实践性知识的一系列研究，并以典型情境作为依据，将相关的教师专业发展的课程资源"打包处理"，整体性地呈现真实情境下的教师专业学习，这对我们改革和优化当前的教师教育项目具有重要的启示，即从零散的、分析式的技能培训转为真实的、情境化的整体发展。我将在"研究的启示"部分对这一政策建议展开论述。

（四）小结

本书所分析的三个案例情境，是在中国教师中最常见，也是最能够产生共鸣的典型情境。我们在结论部分，站在三种情境之上聚焦教师实践性知识的生成机制，对它们进行了对比分析。这样的比较是否充分呢？为了让我们认识到教师未来专业学习与发展的可能性，在讨论的部分，我将把讨论拓展到更深的层面，挖掘案例背后的政治与社会话语，重新审视三个案例的关系，即进一步探究"不同的教师实践性知识的生成机制指向了哪些不同的教师专业发展理念模型"。

第一个案例情境是教师传统的课堂教学，第二个案例情境是教师基于共同学科的集体教研，第三个案例情境是大学研究者介入之下的校本研究。三个案例背后的理论基础，从欧洲的教学论传统，到苏联的教师合作制度，再到英美教师研究的动议，展现了三个地域教师专业发展的话语。至今为止，欧洲大陆仍然以德国教学论传统为主导，注重教师的反思；俄罗斯以及受苏联影响的东欧国家大多对教师的学科知识十分强调；而英美等国家，则主张将教学与研究相结合，不断丰富教师的专业身份。这三个案例，不仅让我们看到了相关教师专业发展模式在空间上的差异，也让我们看到了时间演变中教师专业发展主流话语的变迁。而在中国的基础教育环境之中，三种教师专业发展模式同时存在，特别是在新课程改革的话语背景之下，教师专业发展成为一块热土，折射着蕴含多重逻辑的政策话语。

更明确地说，本书中的三个案例，看似是独立的教师工作情境，它们之间却具有潜在的密切联系。我用表 6.2 将三个案例背后的政策话语、历史矛盾，以及案例教师所采用的方法和工具进行了罗列。

表 6.2　三个案例的关系

案例	政策话语	矛盾	主要中介	实践性知识的生成结果
课堂教学	实现"减负增效"	时间与效率	（非）言语性行为	理解学生
集体教研	建立实践共同体	个体与集体	对话性言语	理解教学
校本研究	教师成为研究者	理论与实践	反思日志	理解专业工作

至此，我们可以清楚地看到，这三个案例绝不是随意选择的，而是体现了在教师专业发展的核心概念驱动之下串联成的理论线索。在中国这样一个兼容并包的国家，在课程改革与教师专业标准研制的探索道路上，教育管理部门、中小学校以及一线教师都在"摸着石头过河"，他们用自己的实践性知识探索最切合自己专业发展与学习的方式。

三个案例所体现的三种教师专业学习的方式，的确能让教师学有所获。案例一中的林南老师通过与学生的长时间互动，抓住了学生的学习风格与课堂行为习惯，因此能够对教学内容知识进行即时的重构，增强了课程内容的可理解性与可接受性。案例二中的新教师孙玲在与老教师的不断交流以及与自己的经验的不断对话之中，找到了自己的教学问题，逐渐意识到形成专业风格的重要性。案例三中教师与大学专家的互动，让教师逐渐转变了基于行动的思维模式，变得更加具有反思性和批判性。

上述总结的都是教师在学校活动中发生的变化，集中体现为他们实践性知识的增长或更新。但是，仔细考察，这样的变化并不是自然而然发生的。林南老师的教学，是基于她 10 年的教学经验，以及对学生的认识的。孙玲作为新手教师对教学的认识，来源于对自身经验与现实的反复考察，这样的反思过程要求她把自己放在一个被批判和被反思的位置，这对于新手教师来说实属不易。科研小组的教师为了改变自己的工作与思维方式，进行了近一年的学习，每周一次学习教育研究的方法并实地操作，这并不是大多数教师能够坚持的。

总之，三个案例中的教师们都花费了大量的时间以及精力，这或许会在一定程度上回应教师专业发展的一大谜题："教师是天生的吗？"很大程度上不是。教师的专业成长，最为根本的就是日复一日的学校工作。一个刚从大学毕业的学生很难游刃有余地应对教育教学的各种问题。从一个大学毕业生到一个称职的教师，总需要几年时间，有的人可能早些，有的人可能迟些。在这几年的时间里，面对真实的教学实践，在同事的帮助和支持下、在教师教育者的引领下，他们逐渐体验到了教育和教学的滋味，产生了自我提升的需求，开始了关于专业成长的种种自觉努力：摸索教学的门路、积累个人的经验、有了自己的困惑与独立思考。

在本书中，所有的案例教师的成长都是在投入了大量时间，并在实践领域摸爬滚打多年后的变化。因此，我们才认为，教师基于校本的、真实工作情境的专业发展相当重要。这对于当前自上而下的教师培训模式不能不说是一种有益的补充。接踵而来的问题是：本书在肯定了教师工作现场学习的重要性之后，作为教师教育工作者，如何让教师的工作场所学习更加有效？

在探讨教师实践性知识的问题背后，本书关注的仍然是教师专业发展与学习这一主题，它涉及教师教育政策及其改革思路的多重建构。在这一部分，我先将本书主要的发现及其在全文各章节的分布位置通过表6.3 总结出来，并对最初的研究问题做出回应。在接下来的部分，我会将讨论拓展到教师教育改革的"政治-社会"之维，探索教师教育改革的可能方向。

表6.3　研究的主要发现

研究问题	实证研究	分析单位	主要概念	研究发现
教师在专业工作中通常会遇到哪些典型情境？	第三章第一部分　第四章第一部分　第五章第一部分	整体情境历史性情境、具体的案例	情境典型情境矛盾	课堂教学、集体教研与校本研究是当前教师工作的三大典型情境，具有深刻历史根源，并在当前的教育改革政策中得到激活和强调
在文化-历史活动理论视角下，教师实践性知识的生成有哪些机制类型？	第三章第二部分　第四章第二部分　第五章第二部分	活动系统中心系统、子系统、周边系统学习行为质疑、分析、框定、检验、事实、反思与固化	行动规范权力分配问题解决经验现实四级矛盾	教师实践性知识的生成机制依赖于具体的专业工作情境，在不同的情境下，具有不同的目标，借助不同的中介工具，形成了嵌套、拓展与循环三种主要的知识生成机制
教师生成了哪些实践性知识？	第三章第三部分　第四章第三部分　第五章第三部分	情境化的知识结构关系性实践性知识	理解学生理解教学理解专业工作	教师实践性知识的生成结果主要指向实践工作的改进，是从实践中来、到实践中去的知识
不同机制类型之间的异同是什么？	第六章	机制模式	主体动力要素结果身份图示	三种机制各异，但又统合于教师的日常工作中，并不具有时间和发展阶段上的分离性
如何重新理解教师实践性知识的本质属性并为教师教育改革提供建议？	第六章	概念属性	社会性历史性群体性共享性	教师的实践性知识具有社会历史性，教师教育应基于教师真实的"活动"提升教师专业学习的能动性

二、研究的启示

教师专业成长是一项涉及终身学习和毕生发展的事业，这一观念已渐入人心。目前，国内外教师教育研究者正在积极探索促进教师专业成长的各种新途径，其中包括创建教师发展学校，创办名师工作室，推行教师同伴研修制度，营建网络或者在线学习联盟，等等。那么，我们该如何理解教师专业成长，如何推进教师真实的专业学习呢？

（一）关注教师学习的能动性

可持续的学习现在已经被许多专业领域所认可并期待。然而，现有的专业发展实践依然关注传递知识内容，而非促进专业人员自身的学习。有学者指出，"发展"是一个被动的过程，而"学习"则充满了个体的主动性（陈向明，2013）。本书通过对教师实践性知识的研究，论证了教师在真实的教育教学现场生成实践性知识的可能性，这一探索可以帮助我们反思传统专业发展的路径。

其实，近年来，随着教师教育研究的不断深入，教育研究领域内的共识逐渐明晰，即有效的专业发展应基于持续的、积极的、社会的、与实践相连的专业学习（Wilson，Berne，1999）。还有研究者提出了有效的专业发展模式（Hawley，Valli，1999）。然而，这种理念对专业发展实践来说收效甚微，研究成果与专业实践之间是脱节的（Borko，2004）。尽管在许多成人学习理论的指导下，专业发展项目变得灵活开放，并且通常是以学习者为中心的，更加强调互动与参与，但是这种与真实工作经验相分离的方式仍然使培训显得碎片化（Gravani，2007；Hawley，Valli，1999）。这种抽象的、去情境化的专业发展培训忽视了终身学习与情境学习的重要价值，最终导致的就是理论（在一门课程中所学到的东西）与实践（每天在工作中所要做的事情）的分离（Hargreaves，2003）。这种控制性的培训模式最大的弱点在于，它把学习发生的机制看作一个简单的外在传递过程，即使课程设计得再灵活、再精良也无济于事（Darling-Hammond，McLaughlin，1995）。

　　在本书中，我们将教师的实践性知识放在"教师学习"的学术脉络中进行考察，目的是将实践性知识作为教师在教育教学工作中专业学习的结果。但是，教师学习是一个过程性的概念，学习的过程性在文化-历史活动理论中得到了充分的显现。同时，学习的过程并不是线性的，即教师实践性知识的生成过程并不是线性的、可预期的。因此，教师专业发展的项目也不能够完全由政策规定。真实的专业学习需要教师真诚地面对各种不连续性、不舒适，甚至自身的抵抗。

　　通过研究教师实践性知识的生成问题，我们找到了教师潜在的自我学习机制，该机制能够帮助我们将对专业发展概念的关注点转向"学习"本身。传统的专业发展的视角肯定了一种官方知识的合法性，而忽视了知识的本土性与情境敏感性。在此背后，是我们对"学习"这一教育领域核心概念的重新理解。什么是"学习"？学习不是装满一个篮子，而是点燃一盏灯。将"学习"的焦点从"激进的发展"转向"主动的创造"体现了一种知识观的演变。

　　富兰对"专业学习"的精彩论述深刻表达了日常学习对于教师成长的重要意义：

　　专业学习不等于工作坊或培训课程，也不单纯指对专业资质认证要求的达标。它们都是重要的输入资源，都只是专业学习解决方案的组成部分。即便这些方式能够有效实现既定目标，它们也至多占解决方案的三成。其余七成的关键取决于教师是否可以坚持每天不间断地学习，坚持不断共同提高业务水平。只有当教师每天都置身于实践的学习之中时，学习的习惯才能真正养成。换言之，转换教师职业学习模式有两个基本的密切相关的部分：彻底改革标准、激励机制和认证体系（解决方案的百分之三十），以及改变教师的整体工作状况与环境（解决方案的百分之七十）。（富兰，2010：220）

重新理解教师专业成长的自导性，帮助我们将焦点从培训、教育、发展转向了学习，它能够避免专业发展项目与工作现场实践的分离。在以往二者分离现象的背后，暗含的是这样一种观点：在工作中学习与在培训项目中学习是不同的。这种分离现象完全是人为的，虽然两者之间的活动形式有所不同，但是它们都促进了学习的发生，都有助于经验的累积。本书在一种真实的、实践导向的、情境打包的教师专业学习视角下，将教师的工作学习化、学习工作化，为教师的校本研修与发展找到了合法性。

此外，以一种描述性的方式来记录教师专业成长的轨迹，应成为当前教师绩效考核制度之外的一种可能的教师评价方案。当前对教师的评估，通常把终结性成果放在结构化的表格中。用福柯对表格技术的政治解剖学的反思视角来看，教师的教学活动成了零敲碎打的结果（福柯，2012：222）。此外，树立以特级教师为典型的各种制度也从另一方面局限了教师个人风格的形成。好的教学应该以知识作为本体，而教师则应不断反思自身的个人特质和生命体验。教师实践性知识在这里表现为基于个人教学实践的反思和认识。因此，我们应该给予教师更多回旋的空间，允许教师寻找自我学习的契机。如果我们肯定了教师工作现场学习的重要价值，那么这种弥散的、嵌入在教师日常工作中的专业学习行为就更适合于通过过程性的记录来展现。从教师评价的角度来说，这种方式也能够巩固教师专业学习活动的成效。

（二）实践活动的重要价值

如上所述，教师专业学习与发展的空间条件镶嵌在教师真实的工作场景中，并且体现在教师与学生、同事和教师教育者的联合活动中。在这里，"活动"的概念成为教师实践性知识生成与更新的源泉。因此，在这一部分我将讨论"活动"对于教师实践性知识而言究竟意味着什么。

首先，本书最大的特色，就是站在马克思主义历史唯物观的立场之上，探讨了教师实践性知识的生成问题，将"知识"与"实践"这一对充满张力的概念放在社会历史的视域下进行考察。维果茨基认为，意识是人类文化历史的产物，人的心理归根到底是人在劳动活动中产生的。而意识作为心理学的研究对象，是以语言或语词这种人类文化历史成就为中介来体现的。人的心理是以语言或语词为中介的人类文化历史的产物。人正是借助这种语言或语词工具的中介作用而改变着一切心理活动，并推动心理从低级向高级发展的。由于语言或语词的作用（条件刺激），人能够对自己的行为进行调节和控制，这一作用和人在劳动过程中使用工具所起的作用相似（王光荣，2009：1）。

为了理解教师的学习与发展问题，认知心理学家通常跟踪教师的行为和理念来突出达成目标的行动和其中的问题解决。然而，分析目标形成及找到问题的社会文化和动机依据不能成为唯一的研究重心（Engeström, Miettinen, Punamäki, 1999：1-16）。只有把行动放在它如何协调工具和人工制品使用的现实活动场景中细心研究，行动才会变得有意义。在这些协调作用中，形成行动者的思维习惯、身份认同和文化的因素是不可忽视的（Cole, 1995）。然而，长期以来，有关教师专业发展的研究却把教师、学习过程和所学知识分开来研究，尽管人们承认它们之间是相互关联的。教师参与日常实践的过程也是继续专业学习的过程，但是对它们的割裂阻碍了该研究领域的发展（Webster-Wright, 2009）。

　　文化-历史活动理论认为，人类的活动和学习深受实体工具（如笔、锤子和电脑）和心理工具（如语言、标记和符号）的使用（Cole，Engeström，1993：1-16），及人所属的社会共同体的影响（Engeström，1990）。这些影响指向的是社会或生产活动的对象和目标。对活动理论学家来说"活动的目标（object）是理解变化和学习的核心"（Engeström，2004）。他们倡导跟随专业工作和话语的对象，随专家们一道跨越时空的各种情境和边界追踪其工作的对象和目标。通过这种做法，活动客体在使用过程中发生的全新转变就勾勒出了学习成果形成的轨迹。最后，这些成果被转变为工具和人工制品又反馈到中介活动系统中。恩格斯托姆将这种转化定义为"共同协作中的拓展性学习"。同样，研究动态的和转化性的中介很有可能同时揭示一个社会实践的内部运作机制和过程，及其所处的实践共同体的松散话语，在这个实践共同体中，成员们构建知识、协商权力结构和文化准则。

　　在活动系统之中，我们对于教师专业发展的理解应该是整体性的，而不是分析式的；专业学习是一个整体的经验，而不只是各个部分的相互连接。学习经验的发生基于学习者、学习内容与学习环境的多维互动，然而许多研究却将这些要素直接分开来进行研究，打破了学习的整体性。虽然针对专业发展的分离式研究能够对具体的能力提升起到作用，但是它却加剧了这个领域的理论与实践的二分化：学习被无情地划分为正式的与非正式的、个体的与集体的、具体的与情境的。为了使理论对实践有更强的指导性，我们必须从实践场域的现实与需求出发，用一种实践取向的风格来进行理论研究。专业实践的整体性要求我们采取整体论的思维进行理论建构。举例来说，我们承认在正式的专业发展项目与非正式的工作现场学习之间存在密切的关联，然而研究却忽视了两者之间的交集。同样，专业学习被看作是社会文化建构的，但是已有研究要么关注个体叙事，要么关注实践共同体中的合作学习。情境被认为是整合专业学习的重要因素，但是研究者却将专业学习从其赖以发生的情境中分离出来，或者具体有针对性地去检测情境的某些特征，这些研究思路都导致了专业学习研究的支离破碎。

维果茨基曾指出以原子式路径研究"学习"的不足，他强调必须把经验放在完全的复杂性中考虑（Moll，1990）。考虑到复杂而综合的学习经验，我们需要有更多情境化的研究。我认为，要了解专业学习的机制，我们就需要从专业工作者自己的视角进入，将其放入他们每日的工作实践中。通过聚焦理解专业学习的经验，而不是评估专业发展的效果，用一种整体的、情境的路径推动一种可持续的、日常化的教师专业学习，这样的研究路径挑战了当前主流研究的范式。我们需要理解、尊重专业实践的复杂性，用一种共情的眼光加深对专业实践的理解和支持。

就教师教育实践来说，也需要发掘实践活动的价值。这里的"活动"并不应被表浅地理解为组织培训活动，也不是一个与知识教学相对应的概念。"活动"是一个整体，是一个由时间维度和空间维度不断拓展的概念。因此，在职教师教育应该以教师的日常工作为基础，正如本书所关注的课堂教学、集体教研与校本研究一样，它们都是教师专业活动的形式。应以此为教师专业学习与发展的平台，通过挖掘身边最普通、最常见的活动的价值，来开展一种更加贴近教师工作本质的、朴素的专业发展。

既然教师与不同群体的互动依赖不同的情境，并且具有不同的模式，那么教师专业发展的模式也应该是基于情境的、有侧重的。我在第二章提到了"核心实践"的概念，它所指的就是通过找到教师工作中的核心元素，来提升教师（特别是新教师）的专业学习成效。对于在职教师专业发展项目来说，应该从当前一般化的、无指向性的培训，转变为基于具体问题和情境的、有针对性的指导。现在，英美等国家已经率先意识到了这个问题，他们的教师教育改革项目正在从传统的教学法培训，转变为以不同学科为分类标准的实践。其实，这在我国这种分科教学的传统中并不稀奇。但是，仅提出以具体的学科为基础开展教师发展项目（例如：语文学科教师培训）是否就足够呢？舒尔曼的研究告诉我们，这只能指向教师的课程知识，而非他们对具体知识的教学化的理解（Shulman，1987）。因此，基于教师活动的、整体性呈现知识与实践相互联系的教师专业发展模式将成为未来改革的构思方向。这种构思并不是要越来越细地束缚教师，而是试图以真实的情境作为基础，为教师提供想象的空间。这些情境将成为教师学习的中介工具，不断固化教师的反思与经验，成为记录教师学习的载体。

（三）教师教育改革的未来方向

教师教育不能忘记历史。如果我们不能意识到教师教育的改革史对于当下教师专业实践的意义，那么我们就很可能反复犯同样的错误。文化-历史活动理论以辩证的、历史的观点告诉我们，历史性分析是解决问题的重要方法之一。为了提出未来教师教育改革的可能方向，我们需要用更加整体性的方法回观三个案例的关系。回到文化-历史活动理论的核心框架，我将教师专业学习的三种典型情境及其政策话语整合在图6.3中。

教师的课堂教学是他们专业工作中最主要的部分，也是衡量一个教师是否优秀的核心活动。然而，当班级教学的历史矛盾遇到"减负增效、少教多学"的教育改革政策时，教师就只能运用自己对学生的掌握，在教室空间之内，在与学生的互动过程中打造有效的教学。这样一个充满张力的课堂环境，正是教育改革政策最生动的扎根之地。为了应对教育改革，教师需要不断地发展自己，改革教学的方法、策略。传统的教研制度为教师持续的专业发展提供了话语支持，当西方"教师实践共同体"的理念捆绑上"课例研究"的风尚时，所有的教师便无一例外要经过做课、磨课、赛课、研究课、公开课等"刻意练

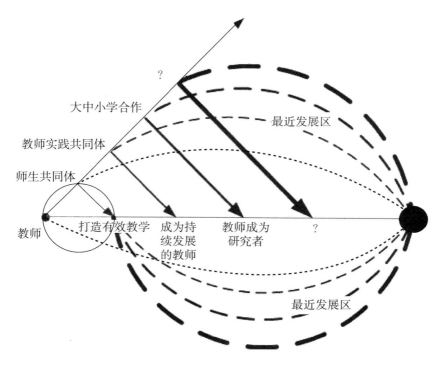

图 6.3　教师专业学习的三种典型情境及其政策话语

　　注：本图的成形源于与林宏达博士的讨论，并参考了陈佩瑛博士的研究，在此表示感谢！

习"的环节。当新手教师可以归属于教师实践共同体、习得特定的教学路数时，我们便认为其初步完成了专业发展的过程。然而，教师的专业发展却远不止如此，教师还要成为研究者。在"反思性实践"推动教师学习研究性思维的同时，大学专家介入中小学活动，引领中小学教师学习如何做研究的活动也如火如荼地展开。

　　通过上面的梳理，我们看到了从最富张力的课堂教学实践，到学科教研组的实践共同体，再到把教师打造成为具有研究潜力的专业人员等不同方面，教师"专业工作"的内涵不断拓展。在本书的三个案例中，我们能够看到，这三种典型的活动确实是教师实践性知识生成的重要情境，案例中数十位教师都能够在这些情境与活动中实现专业学习。但是，我们的研究不能止步于此，需要向前推进一步，对未来教师专业学习与发展的方向进行更深入的思考：

- 未来教师专业学习与发展所依托的情境是什么？
- 未来教师学习的目标究竟是什么？

上述两个问题就是图 6.3 中出现的两个问号，它们指向教师教育未来发展的可能趋势。在图 6.3 中，我通过箭头勾画出了三个案例的推进过程。历史与社会的影射共同建构了教师教育改革在政治-社会之维上的"最近发展区"。教师在不同的专业发展话语与教育改革政策之下不断发展着自我。那么，基于本书有关教师实践性知识的发现，我们能够为未来教师专业发展与学习提供什么政策建议呢？

下面，我一方面结合本书有关教师实践性知识的立场，另一方面结合当前教师教育改革的国际动向，做出一些思考。

一方面，随着当今社会变革的加快，人们越来越意识到，本科专业教育的完成并非学习的终结，而恰恰是学习的新开始，真正的学习应该是在工作场域中贯串整个专业生活的实践活动。另一方面，"终身学习"的概念近年来被广为传颂，它为专业人员的未来发展提供了思路。为了保证高质量的专业实践而开展持续的专业发展项目，成了体现专业责任感的需要，并且被那些明确的专业标准所强化。当前，不论是教师、护理人员、工程师还是建筑设计师，他们的专业性都越来越多地体现在追求效率、效果和基于证据的实践上。结果，大量的金钱、资源、时间都花费在了改进专业发展的项目上（Webster-Wright，2009）。本书恰恰相反，主张一种"真实的专业学习"，即关注如何在专业工作中促进持续的专业学习。

在过去的 20 年中，许多实证研究已经证明了有效的专业学习是持续性的，并且最好能基于一个专业共同体进行（Darling-Hammond，

1997）。工作情境中的学习可以将个体带入与他人一起工作的动态环境中，并且通过专业实践解决真实的问题。当前，社会经济的迅速变化说明了专业学习对于专业实践的重要影响。在多变的工作情境中，对于专业学习重要性的批判性反思已经被人们所关注。

现下已经有许多研究努力尝试摆脱"培训"的阴影，并将视线投向专业学习，例如一些学者关注了教学实践，还有一些关注的是医疗健康，以及一些其他的职业领域（Clark，2001；Hara，2007）。但是，虽然有这些研究的开拓，人们对"学习"的理解仍旧没有质的变化，还是认为它是一个有着明确起点和终点的片段。专业发展模式的潜在假设指向一种有待完成的实践。为此，针对专业发展已经有了越来越多的批判之声。

那么，为什么现实对于专业学习的回应并不积极呢？这其中有非常复杂的原因。首先，科层化的教育管理体制是根本因素，工作上面临的压力是阻碍条件。其次，时代变化多端。特别是对于教师专业来说，传统观念中教与学的双重概念强化了有意义的学习必须由外界指导的观点，这就导致了一种"强介入"的教师发展模式。

为了对专业实践有更多的理解，我们有必要厘清专业人员在工作情境中的学习。我们的视线需要从关注专业发展活动，转向关注专业学习的基础性问题。我们需要以一种具象的、情境化的方式来检视教师专业学习的经验。当我们把视角投向教师自主的专业学习时，我们就会思考，什么样的学习方式能更加有助于教师的专业学习？

奥苏伯尔（1994）在他的《教育心理学》一书的扉页上就开宗明义地说道："假如让我把全部教育心理学仅仅归结为一条原理的话，那么，我将一言以蔽之曰：影响学习的唯一重要因素，就是学习者已经知道了什么。要探明这一点，并应据此进行教学。"当然，从奥苏伯尔的原话中我们也可以看出，这本书是写给教师看的，它背后的原理能够有助于教师组织教学活动。同时，关于学习的理论对于教师自身的学习与发展也具有意义。因此，教师的教学理论同时也是他们的学习理论。在奥苏伯尔的观点下，我们可以认为，教师的专业学习在"发现"和"接受"的维度上都可能是有意义的。一种学习涉及对孤立的、或多或少人为的概念的短时习得，人为的问题解决，或者在实验室情境中产生的任意联想；而另一种学习涉及彼此关联的观念网络的习得和持久保持，这些观念被纳入学习者的认知结构进而表现为有组织的知识体系。

既然接受性学习也可以是有意义的，那么为什么教师会对学历提升课程、培训项目产生抵制情绪？为什么教师不愿意接触教学理论呢？主要的原因，在于我们对学习与工作关系的认识依然不甚明晰，用有意义学习的观点可以充分解释这一悖论。

在以往的观念中，学习与工作是分离的，求学阶段结束之后自然就过渡到了工作阶段，这种学习与工作的两分使得教师专业发展一直都处于困境。一方面，在教师看来，在职的学习显得不那么必要，教师的学习积极性不高；另一方面，在学校管理者看来，教师学习以培训、讲座的方式展开，效果往往不尽如人意。如果我们更新对"学习"的固化认识，将"学习"放到整个教育实践场域的关系中，就会看到教师专业学习无时无刻不在进行着，并且学习的方式多种多样。

在有关教师专业学习的议题之下，本书也涉及了理论与实践的关系问题，这也是解决当前教师教育理论与实践脱节问题的一个突破口。教师教育的当代困顿是教师在教育改革中迷茫乃至阻抗的重要原因。帮助教师获得自身的职业归属感，需要我们重新明确教师知识的独特样态。首先，这是一种依存于有限语脉的经验性知识，它极具具体生动性、功能性和弹性，基于特定的学习者的认知情况、特定的教材内容、特定的课堂语脉得以积蓄和传承。其次，教师知识的表征往往镶嵌于做出决策的情境之中，教师的临场决策与其说是意识化的知识和行动，不如说是无意识的思考和暗含的知识和信念发挥的巨大作用，教学的深层性、复杂性和丰富性决定了教师知识的多维性。

实践和理论的问题是千百年来人们一直在努力探索又从未圆满解决的问题。从亚里士多德到笛卡尔，从赫尔巴特到杜威，从马克思到维果茨基，从葛兰西到伽达默尔，直到当代的斯滕豪斯、舍恩、佐藤学和施瓦布等，都对实践或教育中实践与理论的问题做过探讨。社会发展到今天，间接经验与直接经验的"主仆关系"已经得到了改观，越来越多的学者开始把目光转向教师的工作场域，转向合作研究，转向教师实践性知识的提升。实践不仅是教师教学技能提高的主要途径，也是理论研究的重要基地。自课程专家斯滕豪斯首次提出"教师即研究者"的观点后，英国学者便开始把目光聚焦在对教师实践反思的关注和研究上。这是因为教师的教学是一个反思的过程，教师的反思使自身的专业身份总是处在"形成"（becoming）的路途中（Elliott，1991：10-11）。

在教师实践性知识的研究背后，实则是对教师有一套自己的学习机制的认同。我们需要认识教师是如何在实践中学习的，进而设计符合教师行动逻辑的教师教育模式。与此同时，后现代知识观、建构主义知识观以及现象学、解释学等新的知识理论竞相发展起来，教师专业是实践性很强的专业这一观点也基本上取得了教育研究者的共识。越来越多的人开始意识到，任何一所学校都是具体的、独特的、不可替代的，它所具有的特殊性是其他学校的经验不能说明的，也是既有的理论所不能充分验证、诠释的。教师应该充分利用教学实践这块"试验田"，在教学中发现问题，在研究中思考问题，在行动中解决问题。

三、研究的局限

回顾研究的整个过程，我发现本书在以下三个方面还存在一定的局限性，有待未来研究完善。

首先，本书以红旗小学和光明小学为核心，对两所学校的 50 余位教师进行了访谈和参与式观察。虽然本书站在文化历史学派的视角之下，以三种最典型、最常见的教学情境为分析单位，能够使读者产生共鸣，但是每个学校的微观环境依然各具特色。特别是在我国，不同的地域经济社会发展水平差距较大，教师专业学习与发展所需的资源必然会受其影响。因此，在研究结论的理论推广方面，我们需要保持谨慎，需要结合具体的时空环境灵活地做出解释。另外，学校的教育教学工作是异常复杂的，更多教师日常工作的片段由于其零散性并未被纳入本书的分析之中，因此，研究结论并不能概括教师工作的全部，其实践解释力度的边界有待开拓。

其次，文化-历史活动理论对本书的资料分析提供了强有力的支持，但是，该理论背后的方法论，最终指向形成性介入与改变，并与"变革实验室"（change laboratory）的方法相匹配（Virkkunen，Newnham，2013）。本书的第三个案例，实则是一个形成性介入的案例，但研究者本人在其中仍然是"客观"的资料收集者，并未介入他们的科研活动。无论如何，我们不能否认，案例三中教师的改变，不能缺少钱博士的介入和指导，因此，在未来的研究中我们应当探讨，为了推进教师的专业学习，特别是涉及更深层次的思维方式与工作文化方面的变革，如何设计合适的介入性方案。从这个角度来说，未来研究在方法论的立场上也会发生转变，即研究人员从外围的研究者变成与一线教师共同参与教育改革的期待者。在此思路之下，更多关于研究效度、推广度以及伦理的问题都需要进一步深度思考。

最后，本书所涉及的研究在生态效度（ecological validity）上有待进一步验证。科根（Kagan，1990）曾指出，所有的教育研究成果都应该最终指向学习者的发展，这就是所谓的生态效度。因此，对于教师实践性知识的研究而言，最终也应该论证其对学生学业改进、能力塑造以及人格养成方面的影响。另外，本书作为一项基础研究的成果，基于丰富的实证材料论证了教师在工作现场的专业学习，并以实践性知识作为其学习的结果，最终提出了更新教师教育理念的建议。但是这些改革的建议涉及诸多利益相关者之间的协商，也涉及政策制度的完善与教师教育课程的优化，从理念到现实还有很长的一段路要走。基于实践性知识的教师教育体系设计，以及教师的准入与评价机制的改革，是未来亟待开辟的新议题。

四、本章小结

在当今世界的大部分国家中，教师的工作都正处于转型之中，或者处于转型的边缘，教育领域不同的利益相关者都给教师带来了新的要求和压力。我们需要看到教师在专业工作中所面临的各种各样、大大小小的真实情境，更需要看到他们在这些琐碎的日常工作中所激发出的实践性知识及其深刻意涵。我相信，教师正是在他们的日常工作现场中发现和提升了自己的实践智慧，获得了持续不断的专业成长的。他们的实践性知识正是他们处理教育情境中各种问题的法宝，也是他们成长为一名合格的、优秀的教师之关键所在（魏戈，陈向明，2017）。

本书的核心主题是"教师实践性知识的生成机制"。通过抓住教师实践性知识的高度情境性与整体性的特点，本书对三个典型的教师日常工作情境进行了历史追溯与现实描摹。在此基础上，本书提炼出了教师实践性知识的三种生成机制，即嵌套式、拓展式与循环式。本章作为全书的结论部分，对前三章的案例研究进行了总结，并从多维视角对三个案例进行了整合、比较，完成了本书的最后一步——"理论抽象"。

将三个案例串联起来，我们就能发现其中暗含的逻辑关系，即教师教育改革的政策话语和教师专业学习与发展之间的博弈。在讨论的部分，本章从教师的实践性知识走向了更广泛、更深层的思考，并基于本书的结论对教师专业发展的未来方向、教师专业主体性等问题进行了讨论，相信能够为教师教育政策的制定提供理论借鉴。

参考文献

中文文献：

阿吉里斯，帕特南，史密斯，2012. 行动科学：探究与介入的概念、方法与技能 [M].夏林清，译.北京：教育科学出版社.

奥苏伯尔，1994. 教育心理学：认知观点 [M].佘星南，宋钧，译.北京：人民教育出版社.

巴比，2000. 社会研究方法 [M].邱泽奇，译.北京：华夏出版社.

巴赫金，1988. 陀思妥耶夫斯基诗学问题 [M].北京：生活·读书·新知三联书店.

贝尔，布瑞克，2010. 教育现场的专业学习 [M].郭华，郑玉飞，宋国才，译.北京：人民教育出版社.

布鲁纳，1982. 教育过程 [M].邵瑞珍，译.北京：文化教育出版社.

陈桂生，刘群英，胡惠闵，2014. 关于"教研组问题"的对话 [J].上海教育科研（3）：56-59.

陈静静，2009. 教师实践性知识及其生成机制研究 [D].上海：华东师范大学.

陈向明, 2000. 质的研究方法与社会科学研究 [M]. 北京: 教育科学出版社.

陈向明, 2003. 实践性知识: 教师专业发展的知识基础 [J]. 北京大学教育评论 (1): 104-112.

陈向明, 2010. 范式探索: 实践-反思的教育质性研究 [J]. 北京大学教育评论 (4): 40-54, 188.

陈向明, 2013. 从教师"专业发展"到教师"专业学习" [J]. 教育发展研究 (8): 1-7.

陈向明, 等, 2011. 搭建实践与理论之桥: 教师实践性知识研究 [M]. 北京: 教育科学出版社.

陈向明, 魏戈, 江淑玲, 等, 2014. 中国社会文化视域下教师实践性知识研究 [R]. 北京大学教育学院.

褚远辉, 2016. 2000 年以来我国中小学教育科研的回顾与展望 [J]. 中国教育科学 (3): 141-157.

丛立新, 2011. 沉默的权威: 中国基础教育教研组织 [M]. 北京: 北京师范大学出版社.

达克沃斯, 2005. 精彩观念的诞生 [M]. 张华, 等译. 北京: 高等教育出版社.

邓友超, 2006. 论教师实践知识管理 [J]. 教育科学 (3): 58-61.

杜威, 2005a. 确定性的寻求 [M]. 傅统先, 译. 上海: 上海人民出版社.

杜威, 2005b. 我们怎样思维: 再论反省思维与教学的关系 [M]. 姜文闵, 译. 北京: 人民教育出版社.

恩格斯, 1972a. 自然辩证法 (节选) [M] // 马克思, 恩格斯. 马克思恩格斯选集: 第四卷. 北京: 人民出版社: 259-386.

恩格斯, 1972b. 路德维希·费尔巴哈和德国古典哲学的终结 [M] // 马克思, 恩格斯. 马克思恩格斯选集: 第四卷. 北京: 人民出版社: 211-258.

范梅南, 2001. 教学机智: 教育智慧的意蕴 [M]. 李树英, 译. 北京: 教育科学出版社.

福柯, 2012. 规训与惩罚 [M]. 刘北成, 杨远婴, 译. 4 版. 北京: 生活·读书·新知三联书店.

富兰, 2010. 教育变革的新意义: 第四版 [M]. 武云斐, 译. 上海: 华东师范大学出版社.

龚浩然, 黄秀兰, 2004. 维果茨基科学心理学思想在中国 [M]. 哈尔滨: 黑龙江人民出版社.

郭华, 2016. 带领学生进入历史: "两次倒转" 教学机制的理论意义 [J]. 北京大学教育评论 (2): 8-26.

哈贝马斯, 1999. 认识与兴趣 [M]. 郭官义, 李黎, 译. 上海: 学林出版社.

何学锋, 等, 2013. 研修与成长: 提升教师课程领导力 [M]. 北京: 教育科学出版社.

胡惠闵, 刘群英, 2012. 我国中小学教学研究组织的发展及其困境 [J]. 教育发展研究 (2): 1-8.

胡军, 2006. 知识论 [M]. 北京: 北京大学出版社.

胡塞尔, 1988. 欧洲科学危机和超验现象学 [M]. 张庆熊, 译. 上海: 上海译文出版社.

黄秀兰, 2014. 维果茨基心理学思想精要 [M]. 广州: 广东教育出版社.

姜美玲, 2006. 教师实践性知识研究 [D]. 上海: 华东师范大学.

鞠玉翠, 2003. 教师个人实践理论的叙事探究 [D]. 上海: 华东师范大学.

凯洛夫, 1957. 教育学 [M]. 北京: 人民教育出版社.

夸美纽斯, 1999. 大教学论 [M]. 傅任敢, 译. 北京: 教育科学出版社.

赖尔, 1992. 心的概念 [M]. 徐大建, 译. 北京: 商务印书馆.

林崇德, 申继亮, 辛涛, 1996. 教师素质的构成及其培养途径 [J]. 中国教育学刊 (6): 16-22.

刘群英, 2007. 我国中小学教研组研究 [D]. 上海: 华东师范大学.

刘钊, 2009. 教师专业实践: 在课堂教学反思中自主发展 [J]. 中国教师 (11): 46-48.

马克思，1972a. 1844 年经济学哲学手稿 ［M］// 马克思，恩格斯．马克思恩格斯全集：第四十二卷．北京：人民出版社：43-181.

马克思，1972b. 关于费尔巴哈的提纲 ［M］// 马克思，恩格斯．马克思恩格斯选集：第一卷．中共中央马克思恩格斯列宁斯大林著作编译局，译．北京：人民出版社：54-61.

宁虹，刘秀江，2000. 教师成为研究者：教师专业化发展的一个重要趋势 ［J］. 教育研究（7）：39-41.

阮凯利，2002. 愿不愿意成长呢？我们的老师：实践知识的叙说探究 ［J］. 课程与教学季刊，5（4）：57-74，164.

舍恩，2007. 反映的实践者：专业工作者如何在行动中思考 ［M］. 夏林清，译．北京：教育科学出版社．

舍恩，2008. 培养反映的实践者 ［M］. 郝彩虹，等译. 北京：教育科学出版社.

圣吉，2003. 第五项修炼：学习型组织的艺术与实践 ［M］. 郭进隆，译. 上海：上海三联书店.

盛群力，金伟民，1996. 个性优化教育的探索 ［M］. 北京：人民教育出版社．

施瓦布，1990. 学科结构的意义和重要性 ［M］// 瞿葆奎．教育学文集：美国教育改革．北京：人民教育出版社：247-270.

斯米尔诺夫，1984. 苏联心理科学的发展与现状 ［M］. 李沂，译．北京：人民教育出版社．

王光荣，2009. 文化的诠释：维果茨基学派心理学 ［M］. 济南：山东教育出版社．

王鉴，2003. 课堂研究引论 ［J］. 教育研究（6）：79-84.

王晓芳，黄丽锷，2015. 中小学教师科研活动中的管理主义：基于对相关官方文件与若干结题报告的分析 ［J］. 北京大学教育评论（1）：108-128.

维果茨基，2003. 教育心理学 ［M］. 龚浩然，等译．杭州：浙江教育出版社．

维果茨基，2005. 维果茨基教育论著选［M］. 余震球，译. 北京：人民教育出版社.

维果茨基，2016a. 维果茨基全集：第 3 卷：新心理学的基本理论（上）［M］. 陈会昌，等译. 合肥：安徽教育出版社.

维果茨基，2016b. 维果茨基全集：第 6 卷：教育心理学［M］. 龚浩然，等译. 合肥：安徽教育出版社.

魏戈，陈向明，2013. 中国社会文化视角下大学教师的实践理性研究［J］. 教育学报（4）：83-90.

魏戈，陈向明，2015a. 教师实践性知识研究在荷兰：与波琳·梅耶尔教授对话［J］. 全球教育展望（3）：3-11，34.

魏戈，陈向明，2015b. 社会互动与身份认同：基于全国 7 个省（市）实习教师的实证研究［J］. 教育学报（4）：55-66，76.

魏戈，陈向明，2017. 如何捕捉教师的实践性知识?："两难空间"中的路径探索与实践论证［J］. 教育科学研究（2）：82-88.

辛涛，申继亮，林崇德，1999. 从教师的知识结构看师范教育的改革［J］. 高等师范教育研究（6）：12-17.

颜膺修，吴为圣，张惠博，2012. 教室是平的?：一位自然科教师的叙说探究［J］. 科学教育学刊（2）：97-118.

杨帆，陈向明，2013. "去情境化"与"再情境化"：教师理解变革性实践的话语表征机制［J］. 北京大学教育评论（2）：132-145.

张华军，2014. 论教师作为研究者的内涵：教师研究性思维的运用［J］. 教育学报（1）：24-32.

张立新，2008. 教师实践性知识形成机制研究［D］. 上海：上海师范大学.

郑毓信，2001. 数学教育：从理论到实践［M］. 上海：上海教育出版社.

《中国教育年鉴》编辑部，1984. 中国教育年鉴（1949—1981）［M］. 北京：中国大百科全书出版社.

衷克定，申继亮，辛涛，1998. 论教师知识结构及其对教师培养的意义［J］. 中国教育学刊（3）：55-58.

佐藤学，2012. 教师的挑战：宁静的课堂革命 [M]. 钟启泉，陈静静，译. 上海：华东师范大学出版社 .

佐藤学，2014. 学校见闻录：学习共同体的实践 [M]. 钟启泉，译. 上海：华东师范大学出版社 .

外文文献：

Ahonen H, Virkkunen J, 2003. Shared challenge for learning: Dialogue between management and front- line workers in knowledge management [J]. International Journal of Information Technology and Management, 2 (1 – 2): 59–84.

Akkerman S F, Meijer P C, 2011. A dialogical approach to conceptualizing teacher identity [J]. Teaching and Teacher Education, 27 (2): 308–319.

Anderson G L, Herr K, 1999. The new paradigm wars: Is there room for rigorous practitioner knowledge in schools and universities? [J]. Educational Researcher, 28 (5): 12–21, 40.

Ausubel D P, 1960. The use of advance organizers in the learning and retention of meaningful verbal material [J]. Journal of Educational Psychology, 51 (5): 267–272.

Bandura A, 1986. Social Foundations of Thought and Action: A Social Cognitive Theory [M]. Englewood Cliffs, NJ: Prentice-Hall.

Bateson G, 1972. Steps to an Ecology of Mind: Collected Essays in Anthropology, Psychiatry, Evolution, and Epistemology [M]. Chicago: University of Chicago Press.

Black A L, Halliwell G, 2000. Accessing practical knowledge: How? Why? [J]. Teaching and Teacher Education, 16 (1): 103–115.

Borko H, 2004. Professional development and teacher learning: Mapping the terrain [J]. Educational Researcher, 33 (8) : 3-15.

Boud D, 2001. Using journal writing to enhance reflective practice [J]. New Directions for Adult and Continuing Education, 90: 9-17.

Boud D, Keogh R, Walker D, 1985. Promoting reflection in learning: A model [M] // Boud D, Keogh R, Walker D. Reflection: Turning Experience into Learning. London: Kogan Page: 18-40.

Boyles D R, 2006. Dewey's epistemology: An argument for warranted assertions, knowing, and meaningful classroom practice [J]. Educational Theory, 56 (1) : 57-68.

Brinton D, Holten C, Goodwin J, 1993. Responding to dialogue journals in teacher preparation: What's effective? [J]. TESOL, 2 (4) : 15-19.

Britzman D P, 2003. Practice Makes Practice: A Critical Study of Learning to Teach [M]. Albany: State University of New York Press.

Buckingham B R, 1926. Research for Teachers [M]. London: Silver, Burdett and company.

Butler D L, Novak Lauscher H, Jarvis-Selinger S, et al. , 2004. Collaboration and self-regulation in teachers' professional development [J]. Teaching and Teacher Education, 20 (5) : 435-455.

Carr D, 2003. Rival conceptions of practice in education and teaching [J]. Journal of Philosophy of Education, 37 (2) : 253-266.

Carr W, 2004. Philosophy and education [J]. Journal of Philosophy of Education, 38 (1) : 55-73.

Carr W, 2005. The role of theory in the professional development of an educational theorist [J]. Pedagogy, Culture & Society, 13 (3) : 333-346.

Carr W, Kemmis S, 1986. Becoming Critical [M]. London: Falmer Press.

Clandinin D J, Connelly F M, 1995. Teachers' Professional Knowledge Landscapes [M]. New York: Teachers College Press.

Clark C M, 2001. Talking Shop: Authentic Conversation and Teacher Learning [M]. New York: Teachers College Press.

Cochran-Smith M, Lytle S L, 1993. Inside/Outside: Teacher Research and Knowledge [M]. New York: Teacher's College Press.

Cole M, 1995. Culture and cognitive development: From cross-cultural research to creating systems of cultural mediation [J]. Culture and Psychology, 1: 25-54.

Cole M, Engeström Y, 1993. A cultural-historical approach to distributed cognition [M] // Salomon G. Distributed Cognitions: Psychological and Educational Considerations. Cambridge, UK: Cambridge University Press: 1-46.

Cole M, Wertsch J V, 1996. Beyond the individual - social antinomy in discussions of Piaget and Vygotsky [J]. Human Development, 39 (5): 250-256.

Cole R, Raffier L M, Rogan P, et al., 1998. Interactive group journals: Learning as a dialogue among learners [J]. TESOL Quarterly, 32 (3): 556-568.

Connelly F M, Clandinin D J, 1984. The Role of Teachers' Personal Practical Knowledge in Effecting Board Policy: Volume III: Teachers' Personal Practical Knowledge [M]. Toronto: Ontario Inst. for Studies in Education.

Connelly F M, Clandinin D J, 1988. Teacher as Curriculum Planners: Narratives of Experience [M]. New York: Teachers College.

Corbin J, Strauss A, 2008. The Basics of Qualitative Research [M]. 3rd ed. Thousand Oaks: Sage.

Council of the European Union, 2009. Council conclusions on the professional development of teachers and school leaders [R]. Brussels.

Craig C J, Zou Y L, Curtis G, 2018. The developing knowledge and identity of an Asian-American teacher: The influence of a China study abroad experience [J]. Learning, Culture and Social Interaction, 17: 1-20.

Crotty M, 1998. The Foundations of Social Research: Meaning and Perspectives in the Research Process [M]. London: Sage.

Daniels H, 1996. An Introduction to Vygotsky [M]. London: Routledge.

Daniels H, 2004. Cultural historical activity theory and professional learning [J]. International Journal of Disability, Development and Education, 51 (2): 185-200.

Daniels H, Edwards A, Engeström Y, et al., 2009. Activity Theory in Practice: Promoting Learning Across Boundaries and Agencies [M]. London: Routledge.

Darling-Hammond L, 1997. The Right to Learn: A Blue Print for Creating Schools That Work [M]. San Francisco: Jossey-Bass.

Darling-Hammond L, 2000. Teacher quality and student achievement [J/OL]. Educational Policy Analysis Archives, 8 (1). [2019-07-11]. https://doi. org/10. 14507/epaa. v8nl. 2000.

Darling-Hammond L, McLaughlin M W, 1995. Policies that support professional development in the era of reform [J]. Phi Delta Kappan, 76 (8): 597-604.

Davydov V V, 1990. Types of generalization in instruction: Logical and psychological problems in the structuring of school curricula. Soviet Studies in Mathematics Education: Volume 2 [R]. Reston, VA: National Council of Teachers of Mathematics.

Dewey J, 1929. The Quest for Certainty [M]. New York: Minton, Balch & Company.

DfE, 2014. Induction for newly qualified teachers: Statutory guidance for appropriate bodies, head teachers, school staff and governing [EB/OL]. (2014-11-12) [2019-08-22]. https: //www. gov. uk/government/uploads/system/uploads/attachment_ data/file/375304/Statutory_ induction_ for_ newly_ qualified_ teachers_guidance_ revised_ October_2014.

Dilts R, 1990. Changing Belief Systems with NLP [M]. Cupertino: Meta Publications.

Edwards A, 2005. Let's get beyond community and practice: The many meanings of learning by participating [J]. The Curriculum Journal, 16 (1): 49–65.

Elbaz F, 1980. The teacher's practical knowledge: A case study [D]. Toronto: University of Toronto.

Elbaz F, 1983. Teacher Thinking: A Study of Practical Knowledge [M]. New York: Nichols.

Elliott J, 1991. Action Research for Education Change [M]. London: Open University Press.

Ellis V, Edwards A, Smagorinsky P, 2010. Cultural-historical Perspectives on Teacher Education and Development: Learning Teaching [M]. London: Routledge.

Engeström Y, 1987. Learning by Expanding: An Activity-theoretical Approach to Developmental Research [M]. Helsinki: Orienta- Konsultit.

Engeström Y, 1990. Learning, Working, and Imagining: Twelve Studies in Activity Theory [M]. Helsinki: Orienta- Konsultit.

Engeström Y, 2001. Expansive learning at work: Toward an activity theoretical reconceptualization [J]. Journal of Education and Work, 14 (1): 133–156.

Engeström Y, 2004. New forms of expansive learning at work [J]. Journal of Workplace Learning, 16 (1/2): 11–21.

Engeström Y, 2005. Developmental Work Research: Expanding Activity Theory in Practice [M]. Berlin: Lehmanns Media.

Engeström Y, 2007. From stabilization knowledge to possibility knowledge in organizational learning [J]. Management Learning, 38 (3): 271–275.

Engeström Y, 2016a. Forward [M] // Gedera D S P, Williams P J. Activity

Theory in Education: Research and Practice. Rotterdam: Sense Publisher: vii-ix.

Engeström Y, 2016b. Studies in Expansive Learning: Learning What is Not Yet There [M]. Cambridge, UK: Cambridge University Press.

Engeström Y, Lompscher J, Rückriem G, 2005. Putting Activity Theory to Work: Contributions from Developmental Work Research [M]. Berlin: Lehmanns Media.

Engeström Y, Miettinen R, 1999. Introduction [M] // Engeström Y, Miettinen R, Punamäki R-L. Perspectives on Activity Theory. Cambridge, UK: Cambridge University Press: 1-17.

Engeström Y, Miettinen R, Punamäki R-L, 1999. Perspectives on Activity Theory [M]. Cambridge, UK: Cambridge University Press.

Engeström Y, Nummijoki J, Sannino A, 2012. Embodied germ cell at work: Building an expansive concept of physical mobility in home care [J]. Mind, Culture, and Activity, 19 (3) : 287-309.

Engeström Y, Sannino A, 2010. Studies of expansive learning: Foundations, findings and future challenges [J]. Educational Research Review, 5 (1) : 1-24.

Engeström Y, Sannino A, 2011. Discursive manifestations of contradictions in organizational change efforts: A methodological framework [J]. Journal of Organizational Change, 24 (3) : 368-387.

Engeström Y, Virkkunen J, Helle M, et al. , 1996. The Change laboratory as a tool for transforming work [J]. Lifelong Learning in Europe, 1 (2) : 10-17.

European Commission, 2012. Supporting the teaching professions for better learning outcomes [R]. Commission staff working document, Strassbourg.

European Union, 2009. Council conclusions of 26 November 2009 on the professional development of teachers and school leaders [R]. Official Journal of the European Union, 2009-12-12: C302/6.

Fenwick T, 2006. Toward enriched conceptions of work learning: Participation, expansion, and translation among individuals with/in activity [J]. Human Resource Development Review, 5 (3): 285-302.

Fishman B J, Davis E A, 2006. Teacher learning research and the learning sciences [M] // Sawyer R K. The Cambridge Handbook of the Learning Sciences. Cambridge, UK: Cambridge University Press: 535-550.

Fullan M, 2009. The Challenge of Change: Start School Improvement Now! [M]. Thousand Oaks: Corwin Press.

Gage N L, 1963. Handbook of Research on Teaching [M]. New York: Rand McNally.

Gravani M N, 2007. Unveiling professional learning: Shifting from the delivery courses to an understanding processes [J]. Teaching and Teacher Education, 23 (5): 688-704.

Grossman R, 2009. Structures for facilitating student reflection [J]. College Teaching, 57 (1): 15-22.

Grossman P, Hammerness K, McDonald M, 2009. Redefining teaching, re-imagining teacher education [J]. Teachers and Teaching: Theory and Practice, 15 (2): 273-289.

Grossman P, Wineburg S, Woolworth S, 2001. Toward a theory of teacher community [J]. Teachers College Record, 103: 942-1012.

Hara N, 2007. Information technology support for communities of practice: How public defenders learn about winning and losing in court [J]. Journal of the American Society for Information Science and Technology, 58 (1): 76-87.

Hargreaves A, 1994. Changing Teachers, Changing Times: Teachers' Work and Culture in the Postmodern Age [M]. New York: Teacher College Press.

Hargreaves A, 2003. Teaching in the Knowledge Society: Education in the Age of Insecurity [M]. New York: Teacher College Press.

Harrison J K, Lee R, 2011. Exploring the use of critical incident analysis and the professional learning conversation in an initial teacher education programme [J]. Journal of Education for Teaching: International Research and Pedagogy, 37 (2) : 199-217.

Hattie J, 2008. Visible Learning: A Synthesis of Over 800 Meta-analyses Relating to Achievement [M]. New York: Routledge.

Hattie J, 2012. Visible Learning for Teachers: Maximizing Impact on Learning [M]. New York: Routledge.

Hawley W D, Valli L, 1999. The essentials of professional development: A new consensus [M] // Darling - Hammond L, Sykes G. Teaching As the Learning Profession: Handbook of Policy and Practice. San Fransisco: Jossey-Bass: 127-150.

Hiebert J, Gallimore R, Stigler J W, 2002. A knowledge base for the teaching profession: What would it look like and how can we get one? [J]. Educational Researcher, 31 (5) : 3-15.

Hillcocks G, Jr. , 1995. Teaching Writing As Reflective Practice [M]. New York, NY: Teacher College Press.

Huberman M, 1992. Teacher development and instructional mastery [M] // Hargreaves A, Fullan M. Understanding Teacher Development. New York: Longman Publishers: 216-241.

Hulshof H, Verloop N, 2002. The use of analogies in language teaching: Representing the content of teachers' practical knowledge [J]. Journal of Curriculum Studies, 34 (1) : 77-90.

Ilyenkov E, 1977. Dialectical Logic: Essays in Its History and Theory [M]. Moscow: Progress.

James M, Worrall N, 2000. Building a reflective community: Development through collaboration between a higher education institute and one school over 10 years [J]. Educational Action Research, 8 (1) : 93-114.

Jenlink P M, Kinnucan-Welsch K, 2001. Case stories of facilitating professional development [J]. Teaching and Teacher Education, 17 (6) : 705-724.

John P D, 2002. The teacher educator's experience: Case study of practical professional knowledge [J]. Teaching and Teacher Education, 18 (3) : 323-341.

Johnston S, 1992. Images: A way of understanding the practical knowledge of student teachers [J]. Teaching and Teacher Education, 8 (2) : 123-136.

Kagan D M, 1990. Ways of evaluating teacher cognition: Inferences concerning the goldilocks principle [J]. Review of Educational Research, 60 (3) : 419-469.

Kärkkäinen M, 1999. Teams as breakers of traditional work practices: A longitudinal study of planning and implementing curriculum units in two elementary school teacher teams [D]. Helsinki: University of Helsinki.

Kegan R, 1994. In Over Our Heads: The Mental Demands of Modern Life [M]. Cambridge, MA: Harvard University Press.

Kerosuo H, Kajamaa A, Engeström Y, 2010. Promoting innovation and learning through Change Laboratory: An example from finnish health care [J]. Central European Journal of Public Policy, 4 (1) : 110-130.

Kleger A, Bar-Yossef N, 2011. Professional development of science teachers as a reflection of large-scale assessment [J]. International Journal of Science and Mathematics Education, 9 (4) : 771-791.

Korthagen F A J, 2004. In search of the essence of a good teacher: Towards a more holistic approach in teacher education [J]. Teaching and Teacher Education, 20 (1) : 77-97.

Kwakman K, 2003. Factors affecting teachers' participation in professional learning activities [J]. Teaching and Teacher Education, 19 (2) : 149-170.

LaBoskey V K, 1993. A conceptual framework for reflection in preservice teacher education [M] // Calderhead J, Gates P. Conceptualizing Reflection in Teacher Development. London: The Falmer Press: 23-38.

Lather P, 1986. Issues of validity in openly ideological research: Between a rock and a soft place [J]. Interchange, 17 (4) : 63-84.

Lave J, Wenger E, 1991. Situated Learning: Legitimate Peripheral Participation [M]. Cambridge, UK: Cambridge University Press.

Leont'ev A N, 1978. Activity, Consciousness, and Personality [M]. New Jersey: Prentice-Hall.

Leont'ev A N, 1981. The problem of activity in psychology [M] // Wertsch J V. The Concept of Activity in Soviet Psychology. Armonk: Sharpe: 37-71.

Lewis C, 2005. How do teachers learn during lesson study?   [M] // Wang-Iverson P, Yoshida M. Building Our Understanding of Lesson Study. Philadelphia, PA: Research for Better School Inc: 77-84.

Lewison M, 1999. Why do we find writing so hard?: Using journals to inquire into our teaching [J]. The Reading Teacher, 52 (5) : 522-526.

Little J W, 1982. Norms of collegiality and experimentation: Workplace conditions of school success [J]. American Educational Research Journal, 19 (3) : 325-340.

Lortie D C, 1975. Schoolteacher: A Sociological Study [M]. Chicago: The University of Chicago Press.

Ma L P, 1999. Knowing and Teaching Elementary Mathematics [M]. Mahwah, NJ: Lawrence Erlbaum Associates.

Mäkitalo J, 2005. Work-related well-being in the transformation of nursing home work [D]. Oulu: Oulu University.

Martin N, 1987. On the move: Teacher researchers [M] // Goswami D,

Stillman P. Reclaiming the Classroom: Teacher Research As an Agency for Change. NJ: Boynton/Cook: 20-28.

Marton F, Morris P, 2002. What matters?: Discovering critical conditions of classroom learning [Z]. Goteborg: Acta Universitatis Gothoburgensis: 9-18.

Mead G H, 1972. The Philosophy of the Act [M]. Chicago: University of Chicago Press.

Meijer P C, Oolbekkink H W, Meinrink J A, et al. , 2013. Teacher research in secondary education: Effects on teachers' professional and school development, and issues of quality [J]. International Journal of Educational Research, 57: 39-50.

Meijer P C, Verloop N, Beijaard D, 2001. Similarities and differences in teachers' practical knowledge about teaching reading comprehension [J]. The Journal of Educational Research, 94 (3): 171-184.

Meirink J A, Imants J, Meijer P C, et al. , 2010. Teacher learning and collaboration in innovative teams [J]. Cambridge Journal of Education, 40 (2): 161-181.

Miles M B, Huberman M A, 1994. Qualitative Data Analysis: An Expanded Sourcebook [M]. New York: Sage.

Moll L C, 1990. Vygotsky and Education: Instructional Implications and Applications of Socio Historical Psychology [M]. Cambridge, UK: Cambridge University Press.

Moon J A, 1999. Reflection in Learning and Professional Development [M]. London: Kogan Page: 188-194.

National College for School Leadership, 2012. System leadership prospectus [R]. London: National College.

Newton P, Burgess D, 2008. Exploring types of educational action research: Implications for research validity [J]. International Journal of Qualitative Methods, 7 (4): 18-30.

Noddings N, 1989. Theoretical and practice concerns about small groups in mathematics [J]. The Elementary School Journal, 89 (5) : 606-623.

Olson M R, 1995. Conceptualizing narrative authority: Implications for teacher education [J]. Teaching and Teacher Education, 11 (2) : 119-135.

Pedersen P B, 2001. Multiculturalism and the paradigm shift in counselling: Controversies and alternative futures [J]. Canadian Journal of Counselling, 35 (1) : 15-25.

Plakitsi K, 2013. Activity theory in formal and informal science education [M]. Boston: Sense Publisher.

Puchner L D, Taylor A R, 2006. Lesson study, collaboration and teacher efficacy: Stories from two school-based math lesson study groups [J]. Teaching and Teacher Education, 22 (7) : 922-934.

Puonti A, 2004. Learning to work together: Collaboration between authorities in economic-crime investigation [R]. Helsinki: University of Helsinki.

Putnam R T, Borko H, 2000. What do new views of knowledge and thinking have to say about research on teacher learning?　[J]. Educational Researcher, 29 (1) : 4-15.

Richardson L, 2006. Writing: A method of inquiry [M] // Green J, Camilli G, Elmore P. Handbook of Complementary Methods in Educational Research. Waschington, DC: American Educational Research Association: 923-948.

Richardson V, Placier P, 2001. Teacher change [M] // Richardson V. Handbook of Research on Teaching. Washington, DC: American Educational Research Association: 905-947.

Sannino A, 2010. Teachers' talk of experiencing: Conflict, resistance and agency [J]. Teaching and Teacher Education, 26 (4) : 838-844.

Sannino A, 2011. Activity theory as an activist and interventionist theory [J]. Theory & Psychology, 21 (5) : 571-591.

Sannino A, Daniels H, Gutiérrez K, 2009. Learning and Expanding with

Activity Theory [M]. Cambridge, UK: Cambridge University Press.

Schön D A, 1983. The Reflective Practitioner: How Professionals Think in Action [M]. New York: Basic Books.

Schön D A, 1991. The Reflective Turn: Case Studies In and On Educational Practice [M]. New York: Teachers College Press.

Scribner S, 1997. Vygotsky's uses of history [M] // Tobach E, Falmagne R J, Parlee M B, et al. Mind and Social Practice: Selected Writings of Sylvia Scribner. Cambridge, UK: Cambridge University Press: 241-265.

Seale C, 1999. The Quality of Qualitative Research [M]. London: Sage Publications.

Seppänen L, 2004. Learning challenges in organic vegetable farming: An activity-theoretical study of on-farm practices [D]. Helsinki: University of Helsinki.

Shulman L S, 1987. Knowledge and teaching: Foundations of the new reform [J]. Harvard Educational Review, 57 (1): 1-23.

Shulman L S, Gamoran S M, 2004. Fostering communities of teachers as learners: Disciplinary perspectives [J]. Journal of Curriculum Studies, 36: 135-140.

Stenhouse L, 1975. An Introduction to Curriculum Research and Development [M]. London: Heinemann.

Stenhouse L, 1983. The relevance of practice to theory [J]. Theory into Practice, 22 (3): 211-215.

Stigler J W, Hiebert J, 1999. The Teaching Gap: Best Ideas from the World's Teachers for Improving Education in the Classroom [M]. New York: Free Press.

Stokes S, 2002. Visual literacy in teaching and learning: A literature perspective [J]. Electronic Journal for the Integration of Technology in Education, 1 (1): 10-19.

Thomas W I, 1928. The behavior pattern and the situation [Z]. Publications of the American Sociological Society: Vol. XXII: 1-13.

Toiviainen H, 2003. Learning across levels: Challenges of collaboration in a small-firm network [D]. Helsinki: University of Helsinki.

Tolman C W, 1999. Society versus context in individual development: Does theory make a difference? [M] // Engeström Y, Miettinen R, Punamäki R-L. Perspectives on Activity Theory. Cambridge, UK: Cambridge University Press: 70-86.

UNESCO, 2014. Teaching and learning: Achieving quality for all [R/OL]. [2019-07-10]. http: //unesdoc. unesco. org/images/0022/002256/225660e. pdf.

Van Manen M, 1995. On the epistemology of reflective practice [J]. Teachers and Teaching, 1 (1) : 33-50.

Verloop N, van Driel J, Meijer P C, 2001. Teacher knowledge and the knowledge base of teaching [J]. International Journal of Educational Research, 35 (5) : 441-461.

Virkkunen J, 2006. Hybrid agency in co-configuration work [J]. Outlines, 8 (1) : 61-75.

Virkkunen J, Newnham D S, 2013. The Change Laboratory: A Tool for Collaborative Development of Work and Education [M]. Rotterdam: Sense Publisher.

Vrikki M, Warwick P, Vermunt J D, et al., 2017. Teacher learning in the context of lesson study: A video- based analysis of teacher discussions [J]. Teaching and Teacher Education, 61: 211-224.

Vygotsky L S, 1978. Mind in Society: The Development of Higher Psychological Processes [M]. Cambridge, MA: Harvard University Press.

Vygotsky L S, 1981. The genesis of higher mental functions [M] // Wertsch J V. The Concept of Activity in Soviet Psychology. Armonk, NY: Sharpe: 144-188.

Vygotsky L S, 1997. The Collected Works of L. S. Vygotsky: Vol. 4: The History of the Development of Higher Mental Functions [M]. New York: Plenum: 207-219.

Waller, 1932 . The Sociology of Teaching [M]. New York: John Wiley & Sons.

Wang J, Strong M, Odell S J, 2004. Mentor- novice conversations about teaching: A comparison of two U. S. and two Chinese cases [J]. Teachers College Record, 106 (4) : 775-813.

Webster-Wright A, 2009. Reframing professional development through understanding authentic professional learning [J]. Review of Educational Research, 79 (2) : 702-739.

Wells G, 2002. The role of dialogue in activity theory [J]. Mind, Culture, and Activity, 9 (1) : 43-66.

Westbury I, Wilkof N J, 1982. Science, Curriculum, and Liberal Education: Selected Essays [M]. Chicago: University of Chicago Press.

Whitehead J, 2000. How do I improve my practice?: Creating and legitimating an epistemology of practice [J]. Reflective Practice, 1 (1) : 91-104.

Wilson H S, Hutchinson S A, 1996. Methodological mistakes in grounded theory [J]. Nursing Research, 45 (2) : 122-124.

Wilson S, Berne J, 1999. Teacher learning and the acquisition of professional knowledge: An examination of research on contemporary professional development [J]. Review of Research in Education, 24: 173-209.

Witterholt M, Goedhart M, Suhre C, 2016. The impact of peer collaboration on teachers' practical knowledge [J]. European Journal of Teacher Education, 39 (1) : 126-143.

Yamazumi K, 2007. Human agency and educational research: A new problem in activity theory [J]. Actio: An International Journal of Human Activity Theory (1): 19-39.

Yamazumi K, 2008. A hybrid activity system as educational innovation [J]. Journal of Educational Change, 9 (4): 365-373.

Yin R K, 1994. Case Study Research: Design and Methods [M]. 2nd ed. London: Sage Publications.

Yoshida M, 1999. Lesson study [Jugyokenkyu] in elementary school mathematics in Japan: A case study [C]. American Educational Research Association 1999 Annual Meeting, Montreal.

附 录

附录一　教学现场观察量表

日期：_____　　　观察者：_____

时间：_____　　　学校：_____

观察要点	具体情况	评述
学校环境	社区	
	校园	
	温度	
	标识	
	教学楼	
	走廊	
	教室	
	卫生间	

观察要点	具体情况	评述
学校环境	设备	
	餐厅	
	安全设施	
话语环境	人称	
	师生/生生关系	
	名称	
	标志	
	行为/仪式	
人文环境	抱怨	
	赞扬	
	学生学业	
	时间安排	
	优秀教师	
	优等生与后进生	
	服饰	

附录二　课堂逸事观察量表①

主题内容	情境	教师行为		学生行为		结果	评价
		语言	非语言	语言	非语言		
教室环境格局与师生互动							

---

① 该观察量表改编自崔允漷发表在《教育测量与评价》2010 年第 3 期的《论指向教学改进的课堂观察 LICC 模式》一文，该表聚焦课堂观察中的四个问题：（1）学生在课堂中是怎样学习的？是否有效？（2）教师是如何教的？哪些主要行为是适当的？（3）这堂课是什么课？学科性表现在哪里？（4）我在该课堂待了 40 或 45 分钟，我的整体感受如何？

附录三　　接触摘要单

接触类型：＿＿＿＿＿　　　　地点：＿＿＿＿＿

会　　面：＿＿＿＿＿　　　　接触日期：＿＿＿＿＿

电话访谈：＿＿＿＿＿　　　　今天日期：＿＿＿＿＿

　　　　　　　　　　　　　　填表人：＿＿＿＿＿

1. 此次接触让我印象最深的主要议题或主题是什么？

-
-
-

2. 就每一个研究问题看，简述此次接触我得到的（或未得到的）资料。

　　　研究问题　　　　　　　　资　　料

-
-
-

3. 此次接触中有任何冲击我的东西吗？有突出的、有趣的、示例的或重要的东西吗？

-
-
-

4. 下次拜访此处时，我应考虑哪些新（或旧）的问题？

-
-
-

注意：

　　　　　　　　　　　　　　　　　　　　　结束

附录四　访谈提纲

老师您好！

　　我正在进行一项有关"教师实践性知识"的研究。下面我将主要针对您的职业选择、课程设计与实施、专业发展等话题进行访谈，希望您能提供具体的情境或者事例说明观点。我将严格遵守研究伦理，对您的访谈内容保密。您有权利对某些问题选择不予回应。整个访谈过程中如果有任何不适，可以随时退出。谢谢配合！

一、基本情况

　　1. 请介绍一下您的相关基本信息。（年龄、教龄、学历、学科、学校）

　　2. 您现在担任的工作角色情况如何？（代课、代班、教学、行政）

　　3. 是什么让您选择了将教师作为职业？［独特的生活史（关键事件）、重要他人、愿景、冲突、个人意识形态、生活圈］

二、关于课程

　　1. 您是如何设计一节课的？（教学设计的思路、独特方法）

　　2. 为什么会这么设计？是如何考虑的？（背后的原因、教学理念）

　　3. 您是如何看待"学生"和"学习"的？（学生的角色、学习发生的机制）

三、关于教学

　　1. 当真实的教学情境与最初的教学设计有出入的时候，您是怎么处理的？（举例说明）

　　2. 当学生面临理解困境的时候，您是怎么处理的？（举例说明）

　　3. 您是如何看待"教学"工作的？（特性、优缺点、与其他工作

的对比、隐喻）

4. 学科内容本身是否会影响您的教学效果？为什么？（举例说明并分析）

四、关于身份

1. 您如何看待自己作为教师的社会身份？（职业本质、社会地位、周遭评价）

2. 您在您的职业发展过程中，有什么值得纪念的事情？（举例说明）

3. 您是否面临过内心的冲击，使您对教师这个职业产生了观念上的变化？（举例说明）

4. 您是如何看待"自我"的？是否可以提供自传作品？（自我认识、自我评价、优缺点）

五、关于发展

1. 您的职业发展目标是什么？（短期、长期）

2. 您主要通过什么时间和方式来促进自己的专业发展？（方式、途径）

3. 您如何看待大学研究人员介入中小学实践？（评价、建议）

4. 您当前遇到了什么职业发展的困境？（是什么、为什么、打算怎么办）

5. 关于教师学习与合作共同体建设您有什么想法吗？（现实情况、意见、建议）

六、其他

关于本次访谈涉及的话题，您还有什么想要分享的吗？

后记

在柏拉图的《会饮》中，苏格拉底转述了女神第俄提玛的故事。第俄提玛说，"爱"存在于"智慧"与"无知"之间、"存在"与"虚无"之间。任何一项历时多年的事业，倘若背后缺少了个人对工作的热爱，都很难想象他将如何坚持、如何自处。一项历时多年的学术研究更是如此。

我从 2008 年开始从事教育学专业的学习，多年的理论研读让我具备了相应的知识基础，可无法忽视的是，我在教育实践领域的经验却少之又少。正因为如此，我对教师的实践工作愈发着迷。教师真实的工作状态究竟是怎样的？教师是如何在他们最日常的工作环境中进行专业学习的？带着这样两个朴素的问题，我从 2012 年起开始了自己长达 5 年的田野研究。从浙江到北京、河南再到陕西，我喜欢与一线的教师们在一起工作，我喜欢和他们一起探讨教育的问题，他们的经验与故事是我从事研究的灵感源泉。

在田野研究的过程中，我开始慢慢抛下自己身上理论的包袱，把教师的实践经验放在第一位，充分尊重教师的个体理解，学着去观察、体悟教师的思考与行动，并学着用教师最为本土化的语言和他们交流沟通。这种"实践优先"的立场也是我从事这项研究最基本的立场。对于研究的"真实性"问题，我更愿意用一种"主观的真实"来回应客观主义的真实观，用"真我"来实现"真诚"，用"真诚"来表达"真实"。

这种对"真实性"的追求，让我从早年研究专家型教师或优秀教师，变为直面绝大多数普通教师的生活与工作，因为这些最为普通的"大多数"，才是学校办学与教育改革最重要的支撑力量。在我的研究中所呈现的绝大多数教师没有行政权力，也没有荣誉头衔，我相信，这些"被忽视"的人群中藏有丰富的教育财富，同时，正因为源自"普通"，研究的发现才更能达成"普遍"与认同。

当我完成本书写作的时候，我发现自己无意之中也发生了许多变化。我从理论的干爽的高地走向了实践的低洼的湿地，我开始变得谦逊与卑微，开始看到那些最普通的教师以及他们最普通的劳作背后的生命力量——这是5年前的我作为一个理论取向的教育研究者所无法想象的。当深入教师工作的第一线时，我才发现自己对教育的无知；当听到教师对各种专业发展项目的意见时，我才开始不断质疑自己头脑中的教育理论幻象；当我每每提笔想要写下自己对教师日常工作的独特认识时，我才意识到我国基础教育盘根错节，并深深感叹自己力量的有限性。

如果说本书能够对教育研究领域提供些许贡献的话，那一定离不开师长、朋友与家人的提携、支持与关爱。

本书是在我的博士学位论文基础上修改完成的，感谢我的导师陈向明教授将我领进教师教育这个充满魅力的研究领域，也是她让我不断反思学术研究与自我认同之间的关系。特别在教师实践性知识专题研究方面，陈老师给予了我悉心的指导。从研究题目的选择、开题报告的撰写，到合作学校的联系、实证资料的处理，再到全文的成形与多次修改，都倾注了导师的关心。在我攻读博士学位期间，陈老师还鼓励我将研究的阶段性成果公开发表，并在不同的场合做了汇报，让我有机会听取诸多学界前辈的建议。正是因为陈老师为我搭建了专业成长的平台，我才能对自己从事的学术工作葆有持续的热情和动力。

在国家留学基金管理委员会的资助下，我于 2015 年赴芬兰赫尔辛基大学留学，我的合作导师恩格斯托姆（Yrjö Engeström）教授是当代文化-历史活动理论的领军人物，他为我的研究提供了最前沿与最深厚的理论基础。一天，他带我在芬兰国家美术馆中欣赏芬兰著名画家埃德费尔特（Albert Edelfelt）的名作《滩边嬉戏的男孩》（Boys Playing on the Shore，1884 年），画中三个孩子既有合作又各得其乐，享受着滩边的游戏。这些年来，这幅画一直在我脑海中挥之不去，直到本书即将付梓之时我才忽然顿悟到，文化-历史活动理论的精髓就指向了人类共同体合作而又独立的"游戏"，我方才意识到老师带我赏画的深意。正是这次顿悟，使我决定以这幅油画作为本书的封面，希望文化-历史活动理论能够带给读者更多的启迪。同时，我还要感谢在芬兰期间涅米（Hannele Niemi）教授为本研究后期理论概念的凝练所提供的帮助。

在青年小学、红旗小学、光明小学和中州小学，我得到了学校领导、老师和学生们的支持与配合。由于研究的伦理要求，我不能透露合作学校和研究对象的真实姓名，但是他们是我顺利完成本书的强大支撑。特别感谢四所学校的校长，他们的开放与包容让我能够在学校自由进出，并始终以一个研究者的"好奇"探索学校日常生活的点点滴滴。

感谢我所在的北京大学教育学院对我的培养，感谢我的师兄师姐们，是他们让我感受到一个师门的温暖。感谢北京市教育委员会社科计划一般项目"北京市中小学教师实践性知识的发展现状与优化路径研究"（SM201910028014）的资助。感谢教育科学出版社何艺、赵琼英、翁绮睿对本书的精心策划和校改。

最后的感谢送给最特别的人，感谢我的父母和姐姐，是他们为我的人生点亮了一盏灯，一路走来，让我勇敢、自信、平实而安心。感谢家人让我学着爱与被爱。这份爱，亦如第俄提玛的教诲，让我游走在"有知"与"无知"之间，不断反思自己作为教育研究者的存在意义。

魏　戈

于首都师范大学

2019 年 11 月